雅斯贝尔斯著作集

生存哲学

庞 昕译

华东师范大学出版社
·上海·

图书在版编目（CIP）数据

生存哲学／（德）卡尔·雅斯贝尔斯著；庞昕译．—上海：华东师范大学出版社，2021
（雅斯贝尔斯著作集）
ISBN 978-7-5760-2128-8

Ⅰ.①生… Ⅱ.①卡…②庞… Ⅲ.①雅斯贝尔斯（Jaspers，Karl 1883-1969）—哲学思想 Ⅳ.①B516.53

中国版本图书馆CIP数据核字(2021)第204705号

雅斯贝尔斯著作集
生存哲学

著　　者　（德）卡尔·雅斯贝尔斯
译　　者　庞　昕
特约策划　李雪涛
策划编辑　王　焰
责任编辑　朱华华
责任校对　王丽平
装帧设计　高　山

出版发行　华东师范大学出版社
社　　址　上海市中山北路3663号　邮编 200062
网　　址　www.ecnupress.com.cn
电　　话　021-60821666　行政传真 021-62572105
客服电话　021-62865537　门市(邮购)电话 021-62869887
地　　址　上海市中山北路3663号华东师范大学校内先锋路口
网　　店　http://hdsdcbs.tmall.com/

印 刷 者　上海中华商务联合印刷有限公司
开　　本　890×1240　32开
印　　张　4
插　　页　2
字　　数　88千字
版　　次　2021年12月第1版
印　　次　2023年3月第2次
书　　号　ISBN 978-7-5760-2128-8
定　　价　49.80元

出版人　王　焰

（如发现本版图书有印订质量问题，请寄回本社客服中心调换或电话021-62865537联系）

摄于1947年

汉译凡例

一、结构

本著作集每本译著的结构是一致的：除了原书的翻译部分之外，书后附有"解说"、"索引"、"译后记"。"解说"主要对本书的主题、时代背景等进行说明；"译后记"主要对翻译的情况与问题进行交代。已出版的德文单行本大都没有索引，正在陆续出版的德文全集只有"人名索引"，中文版除"人名索引"外，增加了"事项索引"。

二、标题

雅斯贝尔斯德文原著的标题、标号颇为特殊，但目录基本可以体现他对某一研究的整体设计和他自己哲学思想的结构。在编辑过程中，采用以德文原版为准，同时参考英译本的处理方式。部分标号转换为符合汉语表达的形态。

三、注释

雅斯贝尔斯著作的德文原著，大部分使用的是尾注，也有部分著作用页下注。本书原文中的少许注释统一列入"注释"部分，并标注"雅斯贝尔斯原注"，其他未作特别说明的注释均为译者注。

四、专用名词、术语、人名

重要的专用名词、术语的翻译，一般会在首次出现时或在特定的位置标注原文,也可在"事项索引"中查找。公认的人名,比如著名哲学家与文学家的汉语名称,仅在"人名索引"中列出,不再标注原文。

目 录

导 论 ……1
    哲学作为生存哲学……1
    哲学与科学……3
        最近几十年的回顾……3
        科学的限度;科学作为哲思的条件……7
        哲学本源的独立性;承接某种既成哲学形态的
        不可能性……9
    主题的提出……11

第一讲　存在的成全……13
    成全的经验……13
    哲学基本活动的意义……14
    成全的方式……15
    哲学的决断……17
        存在意识的转换……18
        可认知性的意义……19
        通往超验的跳跃……21
    哲思的决定……22
    人的可能性……23

第二讲　真理……27

　　真实存在问题……27

　　真理意义的多样性：一般意识、实存、精神、

　　　　生存的真理……31

　　唯一真理问题……35

　　例外……39

　　权威……41

　　理性……49

第三讲　现实……57

　　现实问题……57

　　现实的后退……57

　　通往现实的超越……60

　　　　无可能性的现实……61

　　　　历史性……64

　　　　统一性……66

　　超越的经验……68

　　哲学的基本决断……72

　　　　自身封闭的内在或通往超验的突破……72

　　　　世界之外的生活或世界之内的生活……73

　　宗教的现实……74

　　　　绝对的启示……75

　　　　绝对的历史性……79

　　　　绝对内在化的统一性……80

　　哲学疑问……81

再版后记……89

注　　释……93

解　　说……100

人名索引……105

事项索引……107

译　后　记……116

导 论

哲学作为生存哲学

我应邀讲授生存哲学(Existenzphilosophie)。如今,部分哲学获得这样的名称。一个与众不同的标志性术语,可以凸显当今哲学的某种特征。

所谓生存哲学,尽管只是唯一古老哲学(die eine uralte Philosophie)[1]的某种形态,但目前,生存(Existenz)[2]成为标志性的语词,这并非偶然。它强调在一段时期以来几乎已被遗忘的哲学任务:在本源(Ursprung)[3]中洞察现实[4],通过我如何在思想(Denken)[5]中与我自身相关的方式,亦即在内在行为(inneres Handeln)中,把握(理解)[6]现实。从关于什么的单纯知识、从语言风格或说话方式、从各种风俗常规和预先设定,总而言之,哲思(Philosophieren)[7]要从所有的表面现象回到现实。生存是各种指向现实的语词之一,克尔凯郭尔指出了重点:一切在本质上是现实的东西,它对我而言存在,只因我是我自身。我们不仅在此实际存在,我们的实存(Dasein)[8]作为我们的本源得以实现的地方、作为身体,已然被给定我们,并为我们所亲熟。

19世纪的时候,上述意义的思想运动已经反复出现。人们想要"生活"、意求"体验"。人们要求"实在论"(Realismus),要求亲身经验,而非单纯的认识。人们处处追求"真切"、寻求"各种本源",想要向人自身推进。什么是高层次的人,这尤其明确地表现出来;同样,人们也能在最低微的层次发现真实的东西和存在的东西(存在者)。

一个世纪以来,时代的总体特征已经完全不同,转变为平均化、机械化、大众化的时代,是任何人的实存可以由任何人完全替代的时代,好像无人能再成其自身而实际存在。这也正是令人觉醒的时代背景。在这使得每个人放弃成为个人的无情的时代背景中,能够自身存在的人们已经觉醒。他们想要重视自己、认真承担自身,他们寻求已被遮蔽了的现实,他们想要认识可被认识的东西,他们以其自身理解(Selbstverständnis)来思考,从而到达他们的根据(Grund)[9]所在。

但这样的思想也往往被搁置于不严肃、不认真、平均化的现实遮蔽之中,被曲解成一种混乱喧杂、伤感造作的情感哲学和生活哲学:自身经验存在的意志(Wille zur Selbsterfahrung des Seins)被扭曲成一种满足,其满足于单纯的生命机能,而本源意志(Wille zum Ursprung)变成原始渴求,对人处于什么层次的意义感知也变成一种对真正的价值秩序的背叛。

在实在论看似高涨的时代却是现实的缺失。正是因为意识到了这一点,才会出现灵魂的危困与哲思。我们并不打算将此现实缺失的全体纳入视野,相反,我们试图依循我们与科学的关系(就内容而言是我们主题的一个根本事例),在历史的叙述中回顾这种以多种形态实施的对现实的返回所纠缠起来的道路。

哲学与科学

最近几十年的回顾

19 与 20 世纪之交,哲学主要自视为众多科学中的一种,是一门大学的专业,被青年学生当作一种教育的可能来选择:精彩的课程描绘着哲学历史、哲学著作、哲学问题与哲学体系的全景。虽然内容空洞的自由与真理(因为在实际生活中几乎没有任何效用)时常给人不确定的感觉,但同时也会让人相信他们的哲学知识在不断增长。思想者们"继续前行",相信总会站上其时代已经到达的知识顶点。

然而,这样的哲学似乎对自己缺乏信心。时代给予精确的经验科学以无限的尊重,使得哲学以经验科学为榜样。哲学想要以同样的精确性在科学的审判席前重获失去的尊严。尽管所有的研究对象均已被专门的科学划分,但除此以外,哲学也想通过把整体(das Ganze)看作科学的对象来获得一种合法性。比如通过知识论来研究知识的整体(科学总体的事实,而非个别科学的对象);比如通过一种仿效自然科学理论、借助自然科学所设想的形而上学来研究宇宙的整体,又比如通过一种普遍有效的价值学说来研究人的理想与目标的整体。这似乎是一些不属于任何专门的科学，但又有可能以科学的方法进行研究的对象。然而，所有这些思想中的基本态度却给人含混不清、模棱两可的印象，因为它既有科学的客观性，同时又有道德伦理的诉求。它当然可以认为能够在"情感需求"与"科学成果"之间建立某种和谐的一致；最终也可以说，它只是想客观把握各种可能的世界观与各种可能的价值，但仍会要求给出一种真正的世界观，即科学的世界观。

当时的青年学生不得不陷入深深的失望：这不是他们想要的哲学。对于一种为生活建立根据、说明根据的哲学的热爱拒绝这种科学的哲学。尽管科学的哲学在方法上的努力及其艰难思索的要求令人敬佩，并以此总有教导示范的作用，但在根本上，这样的哲学无关痛痒、平庸无奇，过于无视现实。对现实的渴望与追求拒绝那种什么也没有说出，但又在所有的系统分类中发挥作用的概念游戏。它拒绝那种徒有声势、什么也没有证明的论证。科学的哲学以经验科学自居，这是它隐秘的自身判定。许多人依照这个判定的指引而直接讨论经验科学本身，也有些人或许还相信另有他们尚不能及的哲学存在而抛弃了科学的哲学。

在几个学期的学习之后，当时的学生从哲学转至自然科学、历史以及其他研究性的科学，那是何等的兴奋与欣喜。这里有现实，这里能够满足求知欲：关于自然、关于人的实存、关于社会、关于历史的发生，这些事实是多么令人感到意外、使人震惊，又是多么让人满怀希望。李比希在 1840 年对哲学的学习与研究所记下的文字仍然可以描绘当时的情景："我也经历过这段在语词与理念上如此丰富，但在真正的知识与扎实的研究上却又如此贫困的时期。

这耗费了我两年宝贵的生命。"

但如果对科学作此理解,好像在科学中已经包含真正的哲学,因而将会给出人们在哲学中所没能找到的东西,那么就有可能会犯两种典型的错误。人们想要一种说出生活目标是什么的科学,一种价值评价的科学,人们从科学中推导正确的行为,人们自称通过科学可以知道信仰的内容(但与世界内的各种事物相关)在事实上究竟是什么。或者与此相反,人们怀疑科学,因为科学并没有指出生活的关键所在,尤其因为科学的反思会使生活变得麻木。所以,对待科学的态度就在迷信科学与敌视科学之间摇摆,前者把假定的结果当作绝对的出发点,后者认为科学毫无意义而加以否定,并且认为科学具有破坏性而加以反对。当然,这两种错误还只是附带的。事实上,在科学自身中已经出现某种压制并且抵消两种错误倾向的力量,即知识作为知识的自行更新与自行消除。

因为,如果在科学中过多强调缺失论证的东西,如果过于确信而把概括性的理论当作一种绝对的现实知识,如果未经检验、不言自明的东西过多地发挥作用(比如把自然看作机械结构这样的基本观点,比如历史事件具有可被认知的必然性等诸多循环论证的学说),尽管被抛弃了的坏的哲学固然会以更坏的形态在科学中重现,但在科学自身中,已经有批判(Kritik)发生(这在当时是伟大的,并且重新让人欢欣鼓舞)。此批判并非哲学争论的往复循环,得不出一致的结论,而是逐步并且有效地为一切判定真理的批判。这种批判摧毁各种迷惑性的错觉与假象,以更为纯粹地把握现实可知的东西。

这便有了打破一切教条的伟大科学事件。20世纪初,伴随放射现象的发现与量子理论的创立，机械自然观的固化程式在思想上也开始相对化。从此，能够有所发现的思想建构便已开始并且持续至今。这些思想不再困守于某种自在存在并且就其自身而被认识的自然事物的狭窄空间。先前的两种观点，人们要么认为自己所认识的是自在自然的现实，要么坚信自己所处理的是为了以最为简便的方式描述自然现象而虚构的单纯假设，如今，它们皆已失效作废：打破一切绝对性，人们恰恰得以触及可被研究的现实。

在各个门类的科学中，虽非声势浩大，但也都发生类似的事情：任何绝对的前提皆已失去效用。比如 19 世纪的精神病理学（Psychopathologie）有一教条：精神疾病都是脑部疾病。如今，这个教条已经令人怀疑。比如一种几近神话的虚构：精神障碍由完全未知的大脑变化所致，而实际（faktisch）知识的开展已经把它取代，恰恰是因为放弃了这个束缚性的教条。现在的研究致力于去认识精神疾病在多大程度上是脑部疾病，而且学会拒绝先入为主的成见：人不故步自封，则极大扩展了其关于人的实际知识。

在此，值得尊敬的伟大研究者，他们的自身批判坚决无比，他们的科学发现也颇具成就。

马克斯·韦伯揭示了这样的错误：通过科学（比如国民经济学与社会学）可以推断并且证明什么应当被做。在方法意义上的科学对各种事实与各种可能性有所认知，而如果想要形成客观有效的认知，从事研究的人必须在认知行为中停止他的价值判断，尤其他的愿望、同情与反感，以重新消除从中产生的各种遮蔽与偏见，尽管这些在通往认知的道路上也会给出富有成效的推动，并且使得目光更加尖锐。只有无关价值评价的科学（wertfreie

Wissenschaft)才是名副其实的科学。但正如马克斯·韦伯所指出的,此无关价值的科学就其自身而言,在问题与对象的选择上,整体仍然由它能够同时看清的各种价值评价控制引导。在认知中,正是价值评价的热情(价值评价对生活来说是首要的,也唯有价值评价能够说明究竟为什么科学应当存在)与停止价值评价的自身克制共同构成了科学研究的力量。

这样的科学经验教给人们一种可能性,即总是能够获得完全确定的具体知识;它同时也告诉人们一种不可能性,即在科学中不能发现当时的哲学所没能找到的东西。谁若在科学中寻求生活的根据、行为的指导以及存在本身,则必定大失所望。

应当寻回通往哲学的道路。

科学的限度;科学作为哲思的条件

我们当今的哲思所依据的正是这种科学的经验。因为对沉沦的哲学失望而走向实在的科学,继而又从科学重新回到真正的哲学,这条道路必然会决定性地共同塑造当今哲思的可能的方式。在刻画返回哲学的道路之前,对于当前的哲思与科学完全含混的关系,应当从事实上加以规定。

首先,科学的限度已然明确,可简述如下:

1. 科学的事实知识(Sacherkenntnis)并非存在知识(Seinserkenntnis)。科学知识是特殊的,其相关于特定的对象,并不指向存在本身。因此,从哲学来看,科学恰恰通过知识的认知而最为明确地认识到无知,即对存在本身是什么的无知。

2. 科学知识从来不为生活给定任何目标。科学不会树立任何有效的价值。科学自身不去引导什么，它以其清晰性与明确性指示我们生活的另一本源。

3. 科学不会回答其自身的意义这个问题。科学因为各种各样的动力而实际存在，这些推动科学的动力本身不能被科学地证明是真实并且应当存在的东西。

科学具有积极的意义，科学对哲学而言不可或缺。这与科学的限度同样清楚。

首先，20世纪的科学无论在方法上还是在批判上都已变得纯粹(尽管只有少数科学研究者能够完全实现)。通过与哲学的对照，它首次带来这样的可能性，即认知并且克服哲学与科学的混淆的可能。

科学的道路对于哲学而言是绕不过去的。因为只有认识了这条道路，才能防止在哲思中一再(不纯粹地、主观地)保留并且坚持事实知识，而这本应属于方法精确的科学研究。

反过来，哲学上的清晰与明确对于生活、对于真正科学的纯粹性来说也是绕不过去的。没有哲学，科学不能获得自身的理解，甚至科学研究者，尽管他们仍然可以在伟大科学家的知识基础上对专门的知识继续片刻的研究，可一旦因没有哲学而变得无计可施，也终将会彻底抛弃科学。

一方面，哲学与科学互不可少，另一方面，哲学与科学不能再混淆不分。当今的任务是在区分二者后实现其真正的统一。哲思与科学思想既非同一，也不相互对立。

其次，只有这样的科学，它对什么有所研究并同时就其对象提供必然确定的知识，才能带来有关各种现象的事实。由此，我们才能在任何领域清楚地知道：它是这样的。从事哲思的哲思者,如果没有科学而且从未深入科学,则同目盲一般,不会拥有清楚明确的世界知识。

第三,哲思并非沉迷于想象,而是真理的寻求,它自身必须接纳科学的态度或科学的思考方式。科学的态度首先是始终对必然确定的知识作出区分,知道通往这种知识的道路,知道这种知识有效适用的意义边界。科学的态度继而也表现在科学研究者做好准备去接受对其观点与论述的各种批判。对于科学研究者而言,批判是存续的条件。他们永远会被置于质疑与批判之中,以检验他们的观点。对于真正的科学研究者,哪怕并不公正的批判也会产生积极的作用。谁若从批判中抽身而去,便不会真正有所认知。失去了科学的态度与科学的思考方式,也同时会失去哲思的真实性。

所有这些共同表明:哲学与科学相互维系。科学自身的意义,凭借哲学对科学的理解与把握,才得以真正现实地表现出来。哲学在科学中同生共存而打破科学中一再出现的独断论或教条主义(这种并不明确的伪哲学)。哲学首先成为自觉的保证者,其保证了科学性,并且与反科学相对。哲学地生活,这与无限向往科学的态度密不可分。

哲学本源的独立性;承接某种既成哲学形态的不可能性

哲学本源无所依存的独立性以及对科学的限度与意义的阐明,二者共同发生。在明确的科学领域,任何轻率仓促的断言都要遭受尖锐的批判。这样的批判由哲学本源照亮。在此,可以领会哲学本源的独立性,也唯有如此,唯一古老哲学才会在其各种伟大的显现中再度言说,就好像早已熟知的文本从它的遮蔽中重见天日,就好像人们有了全新的眼光才能真正学会阅读这些文本。由此,康德、黑格尔、谢林、库萨的尼古拉、安瑟尔谟、普罗提诺、柏拉图等才会重新获得当前的呈现,人们也会明白谢林这句话的真理:哲学是一"公开的秘密"。人们可以熟知许多文本,可以准确复述它们的思想结构,但并不一定能够理解(verstehen)。

从此哲学本源而来,人们可以经验科学所不能教会我们的东西。因为哲学成为真正的哲学,不可能只是依靠科学的思考方式与科学知识。哲学要求另一思想(ein anderes Denken),一种在知识的认知中同时提醒我、让我回忆、令我警醒、把我带回我自身、使我发生转变的思想。

哲学本源在古老的传统中重新被发现,但从过去寻找既成的真实的哲学却立即表现出它的不可能性。此旧时的哲学不能以其原来的形态成为我们的哲学。

如果我们把旧时的哲学看作我们哲思的历史起点,如果我们自己的思想唯有在与过往哲学家的对话中才得以明确,并由此在对他们的研究中发展出我们自己的思想,那么,哲学思想在任何时候都是本源性的。在任何时代,哲学思想都必须根据新的时代条件而历史性地实现自身。

当今时代最为显著的新的时代条件便是我们已经讨论过的纯粹科学的开展。哲学已经不能在保持质朴的同时又保持它的真实性。虽然哲学与科学曾有质朴的统一,虽然这个质朴的统一曾经无比具有说服力,是当时精神状况的真正密码,但现在来看那只是一种模糊不清的混淆，因而必须被彻底克服。由此，通过科学与哲学共同的自身理解，二者的自身意识均可获得提升。哲学必须与科学共同实现在科学之外另有本源并且从此本源而来的哲学思想。

因此，当今哲学或许能够理解前苏格拉底时期哲学家的伟大崇高，然而，虽然能够体会他们那种无可取代的推动力，却不能依从他们。当今哲学也不能停留于哲学幼时提问的质朴的深刻，而是必须在当今既已把握的多样性的现实中寻求迂回的道路并且经受考验，以保持质朴的深刻（大多儿童总会伴随年龄的增长而失去这种深刻）。但如果没有科学，这些现实便不再是真正的现实，也不能获得完全的当前呈现。

尽管本源性的东西通过旧时的文本向我们言说，但不能把它所传授的学说承接过来。在历史学的（historisch）意义上对过往学说形态的理解不同于这样的汲取：它获悉在任何时期、在一切哲学中皆有呈现的东西。因为，对远在他时并且已经陌生的东西的历史性（geschichtlich）的理解，其得以可能的根据只能是这种汲取。

主题的提出

当今哲思自觉从其自身的本源而来发生。仅凭科学不能发现、也不能触及这种本源。

现实的寻求通过作为内在行为的思想来实行。这样的思想依存于一切事实，以超越（transzendieren）这些事实而让它们真正实现。

此现实不能再像在科学中那样作为某种特定的知识内容被发现。哲学也不能再次在对象性统一的意义上指出某种关于存在整体的学说。

此现实也不必定会在单纯有所体验的感受中获得当前的呈现。无论通过这些感受还是伴随这些感受，现实只在思想中获得。

哲思在思想中迫切要求思想成为对现实本身的经验。然而，为了达到这样的要求，我必须完全并且始终从事于思想，不可在此思想自身中先于现实存在[10]。在这条临时的、预备性的思想道路上，我经验到某种多于思想的东西。

此思想在方法上的客观化便是哲学。但如果要为这样的哲学确立一个概念或是给出一个定义，我既不能总结目前为止以生存哲学的名义所达成的各种成就，也不能概括我自己的哲学。我只能列举它所涉及的基础思想，并提出以下问题：

第一讲，存在（Sein）问题。存在是成全的最为广阔的空间（Raum）。在此，对我们总是存在所是的东西向我们呈现而来。

第二讲，真理（Wahrheit）问题。真理是道路（Weg），它通往呈现而来的存在。

第三讲，现实（Wirklichkeit）问题。现实是作为目标与本源的存在。在此，我们所有的思想与生活获得安定（Ruhe）。

第一讲　存在的成全

成全的经验

存在问题的首次回答从此基本经验中产生：

无论什么对我而言成为对象，它都是众多存在中特定或有所规定的存在，并且只是存在的一种方式。当我思考存在，比如将其思考为物质、能量、精神、生命等（所有这些可被思考的范畴皆已尝试过），最终却总是发现，我已经把某种特定的、表现为存在整体的存在方式绝对化为存在本身。任何已被认识的存在皆非此存在。

我们似乎永远生活在我们知识的视域之中，我们又迫切突破每个包围着我们、妨碍我们远望的视域。但我们却无法到达这样的位置，在此位置，特定的视域终止，而且从此位置可对没有视域限定、完全的、因而不再指向他处的整体作一概观。我们也无法获得一系列的位置，就像周游世界，从一个视域走向另一个视域，从而走遍全部位置，获得一个完整完全的存在。对我们而言，存在始终无完全。存在把我们引至所有方向，以至无尽。它总会让新的东西作为各自有所规定的特定的存在向我们呈现而来。

这正是我们前行不已的认知进程。当我们在此认知的进程中有所反思，我们便会追问存在本身（das Sein selbst）。在一切向我们呈现而来所显现的东西（现象）得以明确之际，存在本身却似乎永远只是从我们这里后退。我们称此存在为成全（das Umgreifende）[11]。然而，这并非我们的各种知识皆包含其中的视域，也绝不仅仅作为视域是显而易见的东西。毋宁说，一切新的视域唯有从此成全而来才得以显现。

存在的成全永远只是预示自身，在对象性的当前呈现者（das Gegenwärtige）[12]那里、在各个视域中显示出来，但从不成为对象（Gegenstand）。成全本身并不出现，在成全中，一切他者（das Andere）向我们呈现而来。与此同时，成全是一切事物存在的根据。因为成全，各种事物不仅是其直接显现的样子，而且始终清晰简明、一目了然[13]。

哲学基本活动的意义

我们通过这种先行的思考所实施的是一种哲学的基本活动。由此，我们想要从我们的存在意识迷惑于某种特定知识的束缚中（总会以不同的形态反复出现）解脱出来。这是一种简明的思想，但它因其敞开了最为广阔的远景而同时又似乎不可实施、无法完成。

因为我们与我们思想的形式紧密结合在一起,无论我们想要认识什么,必须把它看作特定的对象。如果我们想要思考成全,对我们来说,成全也会因此立即成为对象性的东西:成全是世界,是我们所是的实存,是一般意识(das Bewußtsein überhaupt)[14]。当我们明确思考成全的时候,我们所做的,恰恰是在思考成全时应当被克服的东西。如果我们在成全中寻求一切事物的根据,那么绝不允许再把我们任何当前的对象看作成全,但既然我们思考它,我们便无可避免地借助特定的存在内容。在思想的实施中,一旦我们(内在)领会(innewerden)[15]存在本身,即存在不再是某种特定的存在,上述特定的思想内容便应消失。所以,任何相关成全的命题,其本身便包含悖谬,而且,如果以对象性的形式思考非对象性的东西(这在事实上是哲思的基本实施)是可能的,那么,任何命题同时也会无可避免地遭受误解:人们拘泥于孤立命题的字词,对成全的整体获得虚假的知识,而不是在一种迂回的思想中内在领会成全。

在通常的认知意义上具有逻辑矛盾并且不可实施、无法完成的事情,在哲学上却可以实行:一种所有特定知识皆无可比拟的存在意识得以明确。我们进入可能性的最为广阔的空间。一切作为我们所认识的存在因其与此空间的关联而获得一种深度。从此空间而来,它们走近我们,预示着存在,但并非存在本身。

成全的方式

成全需要进一步的阐明。我们必须获得语言(Sprache),以此语言,后续追问真理与现实本身的基本问题才能明确提出。在根本上彻底全面地开展这些哲思的预备工作是哲学逻辑学(Philosophische Logik)[16]的任务之一。接下来的讲座会使用些许关于成全的语词,为了描述这些语词的意义,比如世界、一般意识、实存、精神(Geist)、生存、超验(Transzendenz)[17],简要的刻画便已足够。

唯一的成全,当我谈论它,是为了以某种形态把它阐明。它会因为各种特定现象的对象性而立即分化为各种成全的方式。依照下列思想步骤,我们可以看出,这些成全的方式各不相同。

第一步:

康德认为,世界并非我们的对象,它只是一种理念。也就是说,我们所能认识的一切,都在世界之中,从来不是此世界。如果我们把世界设定为自在存在的整体来认知,便会陷入无法解决的矛盾,即二律背反(Antinomie)。

康德还认为,一切对我们而言的对象存在皆以有所思考的意识为条件(比如,各个对象的统一以一般意识的统一为条件,正是后者促成前者),或者换句话说,一切"为我们存在"皆是"自在存在"的现象,它自身向一般意识显现,而一般意识为我们包含了一切存在。"先验演绎"的开展可以回溯到存在意识,它通过领会一般意识的成全而对一切世界存在的现象性有所认知并且阐明这种认知。

由此,成全以两种方式出现:其一,存在本身在其中得以显现的成全,即世界;其二,我所是与我们所是的成全,即一般意识。

第二步:

我所是的成全并不仅限于一般意识。我是实际存在而承载着意识的实存。对现实的返回从单纯的意识走到了现实的实存。这样的实存有开端,也有终结,在周围世界中操劳、抗争、疲倦、顺从,有享受,也有痛苦,有畏惧,也有希望。同时,我不仅只是实存,我也现实性地作为精神存在。一切由意识思考的东西,以及一切作为实存的现实性的东西,皆可纳入精神的理念总体之中。

第三步:

这些成全的方式无疑都在当前呈现。它们包含全部的内在(Immanenz)[18]:一方面是作为我所是的内在,比如实存、一般意识、精神;另一方面是作为我的对象的内在,即世界。对此,更进一步的问题是:此内在是自足的,还是指向他者。事实上,人已经实施了从内在而来的跳跃(Sprung):从世界向神性(Gottheit)、从自觉的精神实存向生存的跳跃。生存是自身存在(Selbstsein)[19]。生存与自身发生关系并且在此关系中与超验相关。此自身存在自知由超验给定并且以超验为自身的根据。

成全根据上述依次列出的三个不同的步骤而具有不同方式的区分:其一,从成全本身区分为我们所是的成全与存在本身所是的成全;其二,从我们所是的成全区分为我们所是的实存、一般意识与精神;其三,从内在向超验的区分。

这些区分并不意味着从一个原则推导出来的推论,而是触及各自的边界(临界)或各自有限的限度(Grenze)。这意味着接受存在本源性的当前呈现的各种方式。

哲学的决断

我们反思一下目前为止已经讨论过的内容。对成全以及各种成全方式的阐明，如果真正做到的话，便会影响各种认知的意义。因为在此阐述中，如下哲学决断（philosophische Entscheidung）已经非常明确，它完全切中我们的本质：

存在意识的转换

1. 哲学的基本活动使我的存在意识（Seinsbewußtsein）发生转换。存在的整体不再通过本体论（Ontologie）[20]获得概念上的认知，其最终得以阐明，只能作为成全的空间以及一切存在向我们呈现而来的各个空间。如果存在曾在本体论中被思考为各种对象或意义单位的秩序，那么现在，自康德以来，各种本体论皆已被否决，保留下来的是我们必须身在其中才能发现存在所是的各个空间。对于本体论而言，一切只是处于被思中的东西；对于哲思而言，一切都同时由成全贯穿维系其中，或者说，一切如同消失了一般。本体论对存在作出说明，是把在存在陈述中所设想的东西追溯到某个最初的存在；哲思对成全作出说明，一切可在陈述中触及的东西皆在成全中有其根据与本源。本体论试图作出对象性的说明，也就是说，本体论指出一种内在性的思想可以直接看到的东西，而哲思是在超越性的思想中间接触及存在。本体论好比是把各种静止的范畴排列起来的图表；成全的阐明好比各条有所指明的示意线条交织而成的动态网络。

在对成全方式的阐述中，难免会出现一系列的伪本体论。我们可以掌握并且利用这些伪本体论，因为它们的概念性为我们提供了语言。但在哲思的运动中，它们的本体论意义又会立即消解，以在当前呈现一个向来特立多彩并且无可限定的空间，而不是关于什么的知识。

可认知性的意义

2. 上述交织网络是对我们而言的存在所处其中并且得以发生的地方。它一方面释放了认知(Erkennen)，使得认知在一切成为对象的东西中无尽前行，但另一方面又在成全那里为认知设立了一条不可逾越的边界。从此边界而来，认知的意义同时又消失不见。

这具有深远的意义，尤其对人的现实知识而言。我作为实存与精神所是的成全是对象性的，并因此成为研究的客观对象，亦即成为人的实存与精神向我呈现而来的世界现实。但实存科学与精神科学并非关于成全的知识，而是关于现象的知识。我们自身是或能够是这种现象的存在，因而我们具有两条相互维系的进路通往它：对其作为现象的认知以及对其有所内在的领会。

一切成全的方式，当它们成为并且仅仅作为研究的客观对象，它们就如同全然沉没了一般；当它们被看作研究的客观对象并且成为可被认知的东西，它们便失去了灵魂。科学知识的对象究竟具有怎样的现实特征，无论如何，这总归是值得提出讨论的问题。此问题从否定性的角度来谈更容易些：

人类(科)学(Anthropologie)并不认知人活生生的实存现实所是。我们活生生的实存，作为有所成全的自身存在，在生物学上就其自身而言确有可被认知的东西。这不过只是一个特定的视角，或者只是被用作某种手段与中介。我们若要在成全中对我们所是有所研究，就要把我们的实存看作我们的对象，从事于它、作用于它、与它打交道。但在此,我们也必定同时从它那里得知:我们永远不会得到它,除非我们能够在总体上将其看作不可把握、不能理解的东西而完全彻底毁掉。

艺术(科)学(Kunstwissenschaft)作为科学并不把握真正的艺术的现实,即在艺术中被经验为真理并且作为真理被创作出来的东西。比如,被对象性地称作"表现"并且与"生命情感"或某种个性特征相关的东西,它就其自身而言是从本源而来向可能性本源的转述,是成全的现实[21]。

宗教(科)学(Religionswissenschaft),比如宗教历史、宗教心理学、宗教社会学,并不把握宗教的现实所是。科学可以认知并且理解宗教,但它的研究者不需要身处某种宗教、信仰某种宗教。真实的信仰并不可知。

与可认知性(Erkennbarkeit)相对,成全让我保持自身的自由(Freiheit)。但如果我已经把科学内容当作现实本身,被认识的东西就仿佛牵引着我围绕现实打转。积极去开展那已被认知的东西是任何科学中的哲学任务。一切根据我的知识所进行的活动皆依存于那不可看见的成全,好比医学上的治疗依存于那无法看透的生命,好比人的实存,其计划周密的改变依存于现实的、永远无法看透的信仰以及人这个层面的有所成全的本质。因此,一切真实的行为活动皆由成全引导。成全绝不排斥知识,我们可以认识的知识绝不会因为对成全的内在领会而被消除。相反,这些知识伴随其相对化的过程,同时从一新的深处而来获得把握。因为它无尽的认识活动被纳入一个空间,尽管这个空间绝不会被认知,但却也在当前呈现,仿佛贯穿并且照亮了一切已被认识的东西。

任何被认识的存在都不是存在。我作为我所认识的我自身绝非真正的我自身。我所认识的存在绝非存在本身。一切已被认识的存在皆是某种既已形成、继而被特别或个别把握的东西,但同时也是有所遮蔽、有所限定的东西。人必须重新突破这样的封闭性。但只有毫无保留、在整体上切近事实地把握了那些越来越部门化、个别化的知识,人才能够在此突破中找到实质的内容。

通往超验的跳跃

3. 一个基本决断是:我是否在哲思中保持各种成全方式全体的当前呈现。以个别的方式把握真正的存在似乎是可能的,比如通过世界、一般意识、实存或精神,或是通过其中的几个。这样却又总会产生各种特殊的非真理并且失去现实。

但在这些决断中,最具深刻影响的是:我是否会否定从内在全体向超验的跳跃,或者,我是否将此跳跃的实施看作哲思的起点。

这是从一切在时间性的意义上可被经验和在无时间性的意义上可被认识的东西(因而始终只是保持为现象)向现实性的、永恒的存在本身(因而在时间实存(Zeitdasein)中不可认知,尽管我们只能在时间实存中将其言说出来)的跳跃[22]。

这是从我们作为实存、意识、精神所是的成全向我们能够存在或真正作为生存所是的成全的跳跃。与此相应,这同时也是从我们所认识的世界成全向存在本身所是的成全的跳跃。

此跳跃决定了我的自由,因为自由只与超验同在,只因超验存在。

在内在中，尽管已有看起来与自由相近的东西，比如，当我不把我作为实存与精神所是的成全与其可认知性等同的时候，似乎会有这种近似自由的东西。但这只是一种对实存与精神的成全尚未作出决断的相对自由。

尽管也还有思想的自由，这种自由把自身提升为无视所有一切的绝对自由，是否定性的自由，但肯定性的自由另有本源，而非思想。它只从在跳跃中所实现的生存那里生长出来。一旦思想的无视延伸至生存自身与超验，肯定性的自由便会消失不见。我不能无视作为可能性的生存的我，因而也不能无视超验，否则，我将背叛我自身而落入空无。

因为，生存的自由只是作为与本源的同一性（Identität），而本源是思想所不能及的。思想在触及本源的地方搁浅。对我而言，当我与跳跃的方向相反而重又落回内在，生存的自由便会在瞬间消失，或者说，当我落回迷惑性的思想，亦即关于一种普遍的、必然的、可被认知的总体性的发生（世界、实存、精神），面对这种总体发生，我背弃了我的自由。

因此，在这里，在通往超验的跳跃中，是对我自身本质的基本决断，其决断了我自身本质的现实。

哲思的决定

在各种成全的方式中，哲思是一决定（Entschluss）之事。此即存在意志（Seinswille）的决定。当我确切掌握了特定的存在知识后，哲思的决定从所有特定的存在知识中解脱出来。由此，存在本身得以向我真实（在真理的意义上）到来。

这个决定是：我是否不安于某种令人满足的存在知识而在一个从不封闭、成全一切视域但又没有视域边界的空间中倾听对我有所言说的东西[23]，以获悉那指引、警示并且吸引着我的闪光，其或许透露出是什么存在的消息。

这个决定是：我是否在各种对存在的反思中（所有这些表现为存在的替代者）有所确信，并且是否绝不离开这些唯有我可以通行的内在道路，仿佛没有这些道路，我也可以直接走到存在的根据。

这个决定是：我是否要这样坚持，直到我把唯一的基础，也就是在我所是的可能的生存根据意义上的基础，内在化地领会为承载着我的超验。

这个决定是：我是否不在某种存在学说中获取迷惑性的支撑，而是在保持开敞的成全中作为历史性的显现与他者自身共同成为我自身。

人的可能性

成全的方式阐明了人的可能性的基本特征。

我们想要看到人的理想观念。我们想要在已思的东西中重新认识我们应当是什么（应当存在）以及从我们晦暗不明的根据而来能够是什么（能够存在）。这就好像我们可以通过指明理想观念中人类存在的理念而在设想的形象中确知我们的本质。

但任何已思和任何可见的人类存在形态都缺失普遍有效性。

这些形态只是历史性的生存的某些方面,而非生存自身。任何一种可能的人的完满形态,从思想来说,都表明它是不完全的,而从现实来看,它也不能完全实现。

因此,我们固然受到各种理想观念的引导,它们如同我们行程的航标,但并非我们的目标与安定所在,我们不能在它们那里有任何的停留。

这些理想观念就像所有被对象性认知的东西,它们融于成全之中。哲思超越一切理想观念(尽管还是只能在这条有关理想观念的道路上,并且始终以此为支撑)而在成全中指示始终持存的空间。人的存在应当获得对此广阔空间的意识,因为成全让我们清醒地保持自身的可能性。我们总是依据至此已然确定的理想观念的尺度来把握最为切近的事情,尽管我们只是以此方式存在,但成全的思想敞开了广阔的空间,从而开启了灵魂而让它得以对本源有所获悉。

因为,人的本质并不先已在于某种可被固定的理想观念,而是首先在于其无尽的任务。在此任务的实现中,人深入其本已从此而来并且终将归此而去的本源。

人的本质更不仅限于某种在世界中出现的生命,即在人类学的意义上可被认知的东西,也不仅限于他的各种实存关联,不仅限于他的意识与精神。人是所有这些的一切,无论去除他的这些本质方式中的哪一个,他都将会枯萎凋零、踪迹难寻。

但当我们作为有限的时间实存仍然处于遮蔽中的时候,当我们一时不安而不得不在临时性的东西那里获得满足的时候,我们自身仍还隐含一种在紧要的时刻可被感受的深度。它贯穿一切成全的方式，它也正是通过这些成全的方式为我们所确知。谢林将其称作我们"与闻创世的共同认知"（Mitwissenschaft mit der Schöpfung），就好像在我们的根据中，我们已然与各种事物的本源相应而共同存在。但在我们的狭窄世界中，这些或许已经消失不见。在哲思中，我们行走在唤起回忆的道路上。借此回忆，我们返回根据。对成全的回忆是突破这个狭窄世界的首要步伐。当然，这仍是否定性的步伐。

这还只是抽象地指向一种广阔（Weite）与深处（Tiefe）。它保持空无吗，或者正是在此，存在现实性地向我们呈现而来？对此广阔的意识，其本身并不实现什么，而只是对实现的推动。因此，在突入成全的空间后，仍然有两种可能性：

或者是，我沉落于无底的深渊，我在虚无（Nichts）中，因而只能通过我自身是我可以是的东西。如果这样的想法不会使我自身颇成问题的本质消失不见，以致我最终失去所有的存在意识，那么，它会使我在本质问题上变得激进狂热，以便把我从一种被强行把握、具有特殊规定的东西那里（面对虚无，不见成全）拯救出来。

或者是，对于广阔的内在领会可以造就无尽的看的能力以及与此相应的无尽的期备。在成全中，存在从一切本源向我呈现而来。我自身被给予我。

上述两者都是可能的。在我自身实质（Substanz）[24]的丧失中，我感受到虚无；在对我的给予中，我感受到成全的充实（实现）。

我不能对这两种可能性有所强求，我只能有意保持真诚，并且可以期备，可以回忆。

如果没有什么向我呈现而来，如果我不热爱，如果存在者不能因为我的热爱向我涌现,并且,如果我不在此成为我自身,那么,我最终只会作为某种实存而落得多余,我的实存也不过是像物质材料那样可供消耗利用而已。但人绝不只是手段或中介,他永远是最终目的。因此,从事哲思的哲思者面对上述两种可能性,在虚无的持续威胁中,总会意求从本源而来的实现。

第二讲 真 理

真实存在问题

真理,这个语词拥有一种无与伦比的魅力。它似乎允诺了在根本上对我们而言的关键所在,而违背真理,也会有损一切通过对真理的违背所获得的东西。

真理会引起痛苦,会致使绝望。但无论内容如何,仅仅因为是真实存在(Wahrsein),真理也会使人深得安慰与满足:毕竟还有真理。

真理令人振奋、给人勇气:无论我在什么地方把握了真理,都将生发不断追寻真理的动力。

真理给人依靠与支持:在此有一坚不可摧的东西,是与存在相维系的。

但问题在于,这个如此强烈吸引着我们的真理(并非各种特定的真理,而是真实存在本身)究竟是什么。

我们这样想:仍然还是有真理。这仿佛不言而喻。我们听着、说着那些关于各种事物与各种现实的真理,我们认为这些真理无可置问。我们甚至相信,真理终将会在世界中实现,并且得到普遍的认同与接受。

但让我们感到惊奇的是:可靠的、真实的东西几乎无处可寻。比如,流行的意见大多表达了寻找某种依靠的需求:人们更想要的是某种固定不变的东西,以摆脱后续思考的可能,不愿承受持续不断的后续思考所带来的危险与劳苦。另外,人们说出的东西大多都是不准确的,而且从表面上看非常清楚,其首先表达了对实存暗含的利益需求。在公共领域,人与人之间并不相信真实的东西,以致为了实现一个真理,律师必定不能缺席。真理的诉求甚至成为谎言的手段和武器。真理的实现与认同似乎取决于有利的偶然事件,而非真实存在本身。最终,一切都要屈从于无法预计的东西。

如果真实存在就其自身而言独立自在并且与它的实现相分离,那么,所有在心理学与社会学的实际情况中缺失真理的各种事例便不再需要与这样的真实存在本身有什么关系。然而,一种自在的真实存在也是颇成疑问、令人怀疑的。当真理的内容是我们信仰的根据,它对我们如此根本,仿佛一切都依存于它,我们便会毫无顾忌、无所保留地意求并且坦然准备就此真实的东西取得一致。但尽管如此,我们还是可以经验到这种一致的不可能,而对于一种现存事物在流行意义上的真实存在,这种不可能的一致将会成为怀疑的动机。重要的是真实的东西,但它依其本性或许不是可以清楚明确、一致无异加以表述的东西。

无可怀疑并且支配生活的真理,在别人看来,可能是错误的。在西方世界,我们会听到因出于本质不同的本源而彼此相互抵触的各种主张,也会听到跨越数个世纪爆发为大众普遍现象的震耳欲聋的吵闹与喧杂。

人们面对这样的现实,转而接受这样的定律:没有真理。人们不再承认真理的独立自在,人们从别的东西中推导出真理,而且只有以别的东西为条件,真理才是真理。

因此,思想的历史遍布这样的往复:首先是对绝对真理的主张,然后是怀疑一切真实存在,二者之外并存的是对伪真理的诡辩式的任意利用。

真实存在,其作为问题是让哲思头晕目眩的。真理有着令人着迷的光辉,但一旦思及,却又黯淡无光。

在困惑与混乱的情况下,我们认为很快便会拥有一个确实可靠的基础:我们在各种陈述的效用中把握确定的真理,其以既定的观点和逻辑的明见(Evidenz)为根据。与所有挖空心思的怀疑相对,我们还是找到了各种科学的对象,而且这些科学是在方法上精炼过的科学。我们通过理智或知性(Verstand)经验到,科学成果必定清楚明确。与此相应,我们也经验到每个对科学有所把握的理智者就科学成果在事实上的普遍认同。一个狭窄但无固定边界的有效真理的王国,对于一般意识而言,包含各种正确性在内。

尽管一个科学研究的领域,其越是(在数理逻辑的意义上)数学化,便越加明确,但越是高度成熟地洞察陈述意义的逻辑关联,便越是看出,逻辑论断最终归于事实本身。真理在于对此逻辑分析而言总是隐含在前提中的东西。本质上,真理唯独因其内容而存在。

此内容或是经验性的,即在可感觉、可测量的意义上明见的东西,但在逻辑上,也只是另外附加的东西;此内容或者根本没有强加于任何人的强制力,而是从本质不同的各个本源而来所形成的东西。各种无条件的内容皆是来源于此,其承载各个生命(但并非以同样的方式承载每个生命),继而也在陈述中使自身获得完全的表达。

如果"一般意识"这个科学的空间对我们来说同样也是以其可被陈述而得以完全明确的领域,那么,它的必然正确性绝非从来就是全然的真理。毋宁说,真理从一切成全的方式中形成。

这种对我们而言的本质性的真理,恰恰是在"一般意识"的必然性得以停止的地方开始。我们触及这样的边界(临界),在此,我们的实存与别人的实存,尽管都是指向唯一普遍有效的真理,但并不把这种真理认定为同一真理。在此边界(各自具有限度的临界处),双方要么陷入由强权与狡计所裁决的对抗,要么相互告知各自信仰的本源。这些本源彼此相互关联,但从来不会成为同一个东西或者具有同一性的东西。

在这些本源的边界有另一真实存在(真理)的言说。一种特别的真理意义从我们所是的各种成全方式中显现出来,不仅是在必然性的理智洞见所属其中的一般意识那里,而且也在实存、精神与生存中形成。

现在,我们阐述真理的多样性:

实存的真理

精神的真理

生存的真理。

真理意义的多样性:
一般意识、实存、精神、生存的真理

真理作为实存的知识与意求,既没有普遍的有效性,也没有必然的确定性。

实存作为这样的实际存在总是保持自身、开展自身:促进、有益实存(生命)的便是真实(wahr);危害、制约与妨碍实存的便是不真实。

实存意求自身的幸福:实存在其周围世界中作为世界的形态构成而在此构形的过程中把自身带向前来。这种自身形成的满足是真实。

实存作为意识或灵魂表明自身、展现自身。一个实存,其内在性的适当明见是真实,其意识对于无意识的适当性(Adäquatheit)是真实。

总而言之,实存将合乎目的的行为把握为真理。所谓合乎目的的,其一是为了实存的保持与开展,其二是为了持续的满足,其三是为了内在表达的适当以及意识对于无意识的适当性。

这是实用主义(Pragmatismus)的真理概念。一切存在的东西,作为可被感知、可被需用的东西,是材料,是手段或中介,是目的,但没有最终目的。真理不在任何现存的东西中,不在任何已被认识或可被认识的东西中,也不在任何无条件的东西中,而是在此时此地或者随时随地出于实存处境而被给定的东西中。实存自身如何依其生性的不同伴随时间的变化而变化,也就如何会有不断变化的相对真理。

真理作为精神,对于理智的明见而言,也并非普遍有效。

精神的真理归属于一个自行阐明并且自身封闭的整体。它因为这种归属性而存在。此整体不能作为对象被认识,它只能在这种归属性的运动中获得把握。由此,实存和可认知性进入整体。

在对存在的理解中,精神依循有关整体的各种理念(Idee)。这些整体的理念以设喻的方式置身于精神之前,作为动力推动它,作为方法体系使得它的思想具有相互关联。在此,构成整体的东西是真实。

如果,当我们是一般意识的时候,我们思考必然正确的东西,当我们是实存的时候,我们思考有益和有害的东西,当我们是精神的时候,我们思考构成整体的东西,那么,这些东西的发生绝不会因为我们而具有一种自然事件那样的确定性。相反,我们更多是会陷入一场彻底的混乱。在事实上,我们能否明确把握真理,并同时以各种真理意义的临界意识(Grenzbewusstsein)来把握真理,在于我们是我们自身的程度。换句话说,各种具有不同本源的真理,其纯粹性唯独从生存的真理而来才得以形成。

生存自行显现为一般意识、实存与精神。它可以把它自身与它的这些显现方式对立起来,但它自身不能把自身置于自身之外,它不能既认识自身,同时又是被认识的东西。

因此,我自身所是始终成为问题,但这又是那种承载并且实现一切他者的确定性。我根本所是,从不为我所占有,其始终是我存在的可能。如果我认识了它,我便不再是它,因为我在时间实存中领会到我自身被抛弃。由此,生存的真理能够以朴素的无条件性安定于自身、以自身为基础,并不意求去认识自身。在最强而有力的生存那里,可以感受这种一无所有的状态。它放弃:没有自身本质的任何图像,没有清晰可见的自身本质。

上述简短的说明指出了真实存在的意义多样性。现在,我们对比各种源于不同的成全方式,亦即各自有其本源的真理意义。

1. 实存的真理是实存得以保持以及实存得以开展的功能。它以实践中的可使用性证验自身是真理。

一般意识的真理作为必然的正确性,其所凭借的是自身,而不是把它用作手段或中介的他者。它以明见性证验自身是真理。

精神的真理是信念(Überzeugung)。它在现实中通过实存和已思的东西(如果这些符合理念的整体,从而见证理念的真理)证验自身是真理。

生存在信仰(Glaube)中经验真理。当我不再被实用主义真理适当有效的实存效用所占据,当我不再被理智意识可被证明的确定性所占据,同样,当我不再被精神无所不包的全体性(Totalität)所占据,我便已经触及这种生存的真理。以此真理,我突破所有的世界内在,首先从对超验的经验返回世界之中。既内在于世界,又外在于世界,此时才有我自身。生存的真理作为真正的现实意识证验自身是真理。

2. 真实存在的各种方式，其不同的特征分别由什么各自在其中有所言说来标明。我们作为成全处于共同的交往（Kommunikation）之中，而伴随成全，真理的方式也被给定。

作为实存，是合乎目的地对自身无限关心的生命在言说。这样的生命把一切置于对自身实存有所促进的条件之下，并且只是在此意义上有同情与反感的感受，只是出于对自身的关心而进入交往共同体的相互关联之中。

在此，所要传达的要么是对抗，要么是某种利害一致的说辞。这些不是没有尽头，而是会有目的或合乎目的地中止，其利用诡计对付敌人、对付朋友中可能的敌人。对此，所说出的实存效用从来都是关键。它意欲说服与诱导，它想要加强或弱化。

作为一般意识，是可被替代的单纯思考着的点在言说。它的存在是作为一般性的思想，而不是作为这种实存，也不是生存的自身存在。

在此，所要传达的东西出于各种原因而指向某个普遍者。它寻求正确有效并且必然确定的形式。

作为精神，是一具体的、自身封闭的整体存在的氛围在言说，而言说者与理解者皆归属其中。

在此，所要传达的东西始终与整体的意义相关，其依循理念的引导而在对所说东西的选择、强调与关联中表现出来。

作为生存，是自身实际存在的人在言说。人转向生存，从这个不可替代者转向其他不可替代者。

在此，所要传达的东西在由热爱规定的对抗中表现出来。此对抗不是为了强力,而是为了有所开启的显示。在此对抗中,一切武器皆被丢弃,但所有的成全方式皆会显现。

3. 在我们所是的各种成全方式中,真理与非真理相对。在各种成全的方式中,终究会出现一种特殊的不足(Ungenügen),它追求另外更为深刻的真理。

在实存那里,是对生命日趋完满的欢呼,是对生命日渐衰亡的痛苦。但与这两者相对,又会生出对单纯实存的不满、对重复的厌倦以及对失败这种非常境况的惊恐:一切实存自身本已包含毁灭。所谓实存的幸福,不但不能在表象上,也从来没有在思想中被看作某种无矛盾的可能性:没有长久持存的幸福,没有自身了然仍还自身满足的幸福。

在一般意识那里,是对必然正确性的神往着迷,是对不正确性的难以忍受,乃至深恶痛绝。与这两者相对,又会生出对正确性的烦闷,因为正确性的东西无穷无尽,而且就其自身也是非本质性的东西。

在精神那里,是因处于整体而深感满意,是因永不完满而备受折磨。与这两者相对,又会生出对和谐的不满,如同面对各种整体断裂破碎时的无计可施。

在生存那里,是信仰,是绝望。与这两者相对,是对永恒安定的诉求。在此,绝望已经不再可能,信仰也已成为照护,亦即完满现实本身的完满当前的实现。

唯一真理问题

正如我们已经讨论过的真理意义的各种形态,它们相互共生并存，我们无处可寻真理本身。

但真理意义的各种形态绝非毫无关联的拼凑。它们处于冲突（Konflikt）之中，它们彼此尽可能压制对方。当各种真理违背自身的意义关联而从属于其他真理、屈从于其他真理的时候，便沦为非真理。

一个例子便已足够，比如一般意识的真理这个问题，即关于一切可被经验事物的知识的必然确定性，在何种程度上对实存是有用的，也就是说，对实存是真实的。如果这种普遍有效真理的知识就其效用而言对实存始终是好的、是有利的，那么，实存的真理与普遍有效的认知真理便没有任何冲突，也就没有任何区分。然而，在事实上，实存始终错失普遍有效的真理：实存遮蔽、排挤、抑制普遍有效的真理。从长远来看，普遍有效的真理是会促进实存，还是最终导致实存走向毁灭，决不能一概而论。无论如何，无休止地夺取、利用并且传播普遍有效的认知真理，几乎在任何时候首先意味着对自身实存的威胁：必然正确的真理成为实存的非真理。在一种自身孤立的实存意求中，真理会表现出被否决、被抛弃的厄运。对实存有利的东西反而成为非真理的来源，因为它会借助一般意识这个媒介来迷惑我，使我相信我想要的东西就是这般存在的东西。

因为这些冲突，对我们来说，各种真理意义的特殊之处便会非常明显。在各种冲突中，我们把握到某种可能的非真理所特有的来源。如果我们寻求克服这些冲突，如果我们寻求真理本身，我们将什么也找不到，因为我们把成全的一种方式当作根本的真理而赋予优先地位。我们的偏爱不断变换，造成各种偏见，从而把一种成全绝对化。比如,当把实存绝对化,好像促进生命的东西就是最终的东西,并且可以认定自身是全然无条件的东西;比如,当把一般意识、理智绝对化,好像在被正确认识的东西中已经占据了存在本身,而不只是在无所不包的现实中看见一幅远景,亦即一束照进黑暗的光;比如,当把精神绝对化,好像理念是现实的,而且自身充足;比如,当把生存绝对化,好像一种自身存在对自身而言便是足够的,但它自身满足的程度,在于它是其自身并且从他者而来自行指向他者的程度。如果单把某种真理意义孤立起来,真理便不再继续保持为真理。

真理意义的所有方式在我们作为人存在的现实中聚集。由此,人从一切形态的一切本源而来生存。这把我们推向唯一真理(die eine Wahrheit)。在此,任何成全的方式都不会失去。真理意义的多样性是如此清楚,以至把唯一真理的问题带向这样的问题点:广阔的远景是可能的,而直接的答案,因为"唯一"愈加迫切的紧迫性,反而变得不可能。

如果唯一真理在当前呈现,那么它必定贯穿所有成全的方式,并且以某种当前呈现的统一性把所有成全的方式共同联结起来。

我们不能通过某种可被思考的、每种成全方式在其中各有充分并且有限位置的整体和谐来获得这种统一。相反,我们始终处于运动变化之中,眼看着一种真实的情况(真理),其各种愈加固定的和谐形态一再被打破,因而必须始终不断寻求这种统一。这是我们的一种现实的基本处境。我们的知识时常会误导我们,把我们封闭在对这些东西的意识中,即我们在体系秩序中认为是现实并且是真实的东西。但在时间进程中,总会有新的经验、新的事情以无可预计的方式侵袭我们。我们的意识从事认识活动,也必定不断发生改变,没有尽头。这是因为,就像黑格尔所说,真理与现实结盟,以对抗意识。

唯一真理是什么,只能随同它的内容,以一种整合所有成全方式的形态才是可行的,不能被看作某种特性在形式上的真实存在。

因此,我们不能直接在任何已被认识的整体中把握什么是唯一真理。直接把握的真理在形式上被说出,仿佛是与我们相对出现而得以公开显见的他者,继而成为这样的存在,即只是因为它的显见而是其所能是的存在。换句话说,真理作为公开的显见,其同时也是这种存在的某种成为现实的过程:自身存在。

但这种在形式上被说出的真理唯有与存在的现实内容相结合,对我们来说,才成为此真理。现实内容作为一种完全从我们本质性的时间实存而来的东西,除了历史性的形态,没有什么可让我们通往的道路。或许当我们无所顾忌地与我们所传承的理智外表相对,并且注视一切成全方式的统一所实现的各种极端的临界形态(Grenzgestalt)时,我们最为接近真理。

这些形态:例外(Ausnahme)与权威(Autorität),以必然有效的理智知识的效用和自由来衡量,对我们而言,它们恰恰是对一切真理的威胁。例外现实存在,它摧毁了始终普遍有效的⋯⋯权威现实存在,它抑制了任何要求绝对独立的特殊的真实存在⋯⋯

在临界处,对各种成全方式的阐明,对各种冲突以及往⋯⋯的运动变化的经验,这些都无可避免地显示出,此整体性的真⋯⋯非普遍可被认知的,也不能以某种个别的形象获得充分并且现⋯⋯的当前呈现。

这种时间实存中的基本处境使得例外（例外是这种真理的本源，它与自身固化的普遍真理相对）的现实存在成为可能，并且要求权威成为以历史性的形态而有所成全的真理。这样的权威与任意多样的意见和意求相对。在此，有待阐明的是例外与权威。

例　外

人是例外。这首先与普遍性的实存相对，无论普遍性的实存表现为国家的伦理、秩序与法规，还是身体的健康或任何其他的常态；其次与实行普遍有效、必然正确思考的一般意识相对；最后与我作为整体的一部分而归属其中的精神相对。例外的存在是对任何普遍形态的实际突破。

例外经验到它被排除在外，并且最终经验到它被去除。对它而言，这作为厄运的意义始终是无法解决的模棱两可的状态。

例外意求成为它所不是的普遍者（das Allgemeine）。它不愿是例外，只不过屈从于普遍者。它接受自己是例外，在于它试图把普遍者实现。这种普遍者不是在理所当然的上升中，而是在自身贬低的屈辱中发生并且走向失败。它唯有通过普遍者才能理解自身是例外。因为它是例外，它才更加坚决地在失败中通过它的理解去把握积极的普遍者。只因对从本源深处而来的思想者自身所不是的东西的热爱，被理解的东西才会更加清晰明亮，相应地，从本源深处而来的思想者在成功与顺遂时的自身所是，对于它所不是的东西，却绝无再做转述的可能。

但尽管屈从于普遍者，例外存在就其自身而言也同时肩负任务，即成为一种唯一的实现的道路。这条道路与普遍者相对而走向相反的方向，即使非它所愿，但又是必然。例外可以为了超验而变得无世界，可以因为一系列否定性的决心（无职业、无配偶、无立足）就像消失了一般。在此，它可以成为这样的真理：不是什么榜样或典范，不以自己的存在去指明一条道路。它如同道路边界的一座灯塔，从非普遍性的处境而来照亮普遍者。

例外可完全转述自身（sich mitteilen）。以此方式，它持续退回普遍者。如果它确知自身是一种全然不能转述的真理，那么它便是无人可以参与其中的真理。例外存在，就好像它根本不存在，因为它的可转述性是它对我们而言实际存在的条件。

如果我们概括性地问道，究竟什么是对我们而言具有哲学效用的例外，那么例外便从我们这里溜走。例外并非某种如此存在（Sosein）的范畴，可以让我借以规定一个人。这个语词触及某种可能性的概念。此可能性是真实存在的一个本源，贯穿所有成全的方式，但本身却全然没有任何的可被规定性。它如同一切成全的成全，但不是绝对作为这种成全本身，而是在历史性的具体化中走近我们，并且在照亮我们的同时与我们相抵而摆脱我们，使我们退回我们那里。因此，它作为整体既不能被对象性地概观、被客观性地区分，也不能用作某种辩护的出路。它凭借其真理与我们的真实性之间可被经验的相互碰撞是显见的，而如果我把它看作某种可被认知的东西，它又并非显见。例外的所有客观既成的东西，无论对于我们还是对它而言，都是模棱两可、含混不清的。

最后，如果我们追问究竟谁是例外，谁不是例外，那么回答必定是：例外不仅只是某种在边界处的特殊事件（最为极端、最令人震惊的形象,比如苏格拉底),所有当前呈现的任何可能的生存皆是例外。因为历史性本身包含例外在内,例外存在与普遍者不可分解,本就已是一体。生存的真理具有这样的特征,它贯穿所有的普遍形态而又无时不是例外。

因此,真正的例外并非任意的例外。任意的例外只是某种单纯的残存而已,真正的例外在时间实存中归属于成全的真理,不可分解。在最极端的情况中首先作为最陌生的东西并因此作为例外而被谈及的,正是我们自身。如果我们在历史性的意义上是现实的,那么我们每个人都是例外;如果每个真正的例外都与对它有所说明的普遍者相关联,那么我们没有任何人是例外。一切对真理的把握皆从对例外的开敞而来,皆是出于看向例外的目光,但对真理有所把握的人却并不想要成为例外。他安于自身是例外,屈从于普遍者;他安于自身是普遍者,对于例外所做的牺牲却知之甚少。

权 威

真理从具体的现实走向我们。在逼近真理的根据的过程中,我们碰见例外与权威。例外提出质疑、使人震惊并且令人着迷;权威是对我有所承载的丰富,它有所保存与守护,并且让人安定。

我们想一下权威:

权威是真实的统一。它在所有成全方式的全体中把这些方式联结起来并且维系为一。对我们而言,它以普遍和整体的历史性形象显现出来,或者更为准确地说,权威是实存强力、必然确定性、理念与生存本源的历史性的统一。在此,生存自知与超验相关。

因此,权威是真理的形态。真理以权威的形象,既不只是普遍的知识,也不只是外在的命令、要求或某种整体性的理念,它同时是这三者。也正因此,尽管权威是外在的强制与要求,但它同时又从内在而来有所言说。权威始终是依从超验、在超验那里获得安定的要求。各自从超验而来的命令者也要听从这种要求。

但在时间实存中,以上述形式谈及的权威不会是对所有生命而言唯一且普遍的权威,除非它被外在化或是已经衰落为单纯的实存强力,变得专横强制而且具有破坏性。可以说,一切权威皆有历史性的形态。因此,权威的真理不能通过一门合理概括的科学而变得全然透彻,它的内容也不会就此固定下来。相反,它包含一切可被认知的东西,不会把它们毁掉。

由此,权威的无条件的绝对性,对于从它而来的生存者,是真实的历史性的统一。根据从一开始便被确立,从此根据而来,权威作为在当前呈现的历史性曾在(das geschichtlich Gewesene),它在图像与符号、秩序与法律,在各种思想体系中有所言说。它包含所有这一切(所有这些皆处于无可替代的当前呈现者、与我具有同一性的东西的历史性的下沉之中)。

然而,在上述抽象的描述中所表现出来的真正权威的安定并不存在。权威是历史性的,由此,它在时间中,处于持续的张力(Spannung),并因此张力而保持变动的状态。

首先是这样一种张力,它处于意求永恒稳固的权威(如果这种权威实现它的目标,它将扼杀一切真理的生命)与在对一切固化的突破中重新显示出来的权威(如果这种权威的变动没有得到控制,它将把一切带入混沌)之间。秩序植根于曾经打破秩序的东西,有所摧毁的例外成为新的权威的本源。

其次是处于权威与自由之间的个人(einzelner Mensch)的张力。此个人作为自己的真理,意求在其自身真理的本源中重新发现那种作为权威而从外向他走来的东西。我们想一下这个在权威中变得自由的过程:

被信仰的权威首先是一种真正的教引(Erziehung)的唯一根源。此教引切中(个人)自身的本质。个人从他的有限性(Endlichkeit)开始。在成长变化的过程中,他为了获得传统流传的内容而依从权威。当他在权威那里有所成长,便有这样的空间为他敞开,在此空间,存在处处向他呈现而来。如果他的成长没有权威,尽管他也会获得知识,尽管他也会掌握语言和思想,但他却总是被抛弃到各种空洞的可能性的空间之中。在这样的空间,凝视他的是虚无。

继而在成熟的过程中,在自身思想与自身经验中,对于个人,他自身的本源获得当前的呈现。各种权威的内容一旦成为他自身的内容,便是活生生的;如果它们没有成为他自身的内容,便始终是陌生的。与此相对出现的是自由,此自由只容许那已经转换为自身存在的东西。自由凭借它对权威的把握得以形成,从而(在各种确定的现象中)对抗权威。个人通过权威到达自身,并且从权威走出而获得成长。由此,一个人的临界观念(Grenzvorstellung)成为可能。他已然成熟,完全自立,始终有所回忆并且无所遗忘,是从最深处的本源而来生活的人。他能够以最为广阔的眼光有所决断地采取行动并且积极实际地存在。他根据把他带向前来的权威而忠实于自身。在他的发展过程中,他需要依靠,他出于崇敬并且因为责任而生活。当他还不能从他的本源而来对自身作出决断的时候,他仍然依靠他者为其作出的决断。在他不断获得自由的逐次发展的过程中,对他而言的本源从其自身的内在中形成,更加坚决有力并且透彻明亮,直到他以完全的确定性在自身中听取真理。由此,他在自由本身中把握真理,也对抗外在的权威要求。对他而言,自由成为自身已经把握的真实的必然性,任意也已被克服。在他的内在中,权威是通过他的自身存在有所言说的超验。

但这种完全只是自立于自身并且绝对自由的人,最终并不会到达他的边界。任何个人总会在什么时候无能于此,永远不会成为完整完全的人。因此,真正的个人,无论他走到已然成熟的自由的哪个阶段,也不会失去他的自由与权威之间的张力,不会觉察不到他自己的道路无法确信、摇摆不定。他自身自由的各种内容渴求权威的确证,或者极力与权威对抗。唯有在此对抗中,它们才能证验其可能的真理,否则,它们便无法与各种任意偶然的冲动相区分。权威要么给出加固的力量,要么通过对抗让自由获得外在的形式与依靠并且制止任意的发生。正是能够自助自身者意求世界有权威存在。

与此相应,甚至当众多个人可以在共同体中获得真正自由的时候,哪怕是这样,压倒性的多数仍然只能从这条自由的道路落回他们实存冲动的无序与任意。因此,在无所不包的共同体的现实之中,权威要求承担一切真理。它作为这样的真理形态始终是必然的,或者当权威走向没落的时候,它会以某种主宰命运的形象从既已发生的混乱中再度把自身确立起来。

这些变动因为始终保持的张力而得以发生。对于这些变动的强调把我们带回有所成全的权威。权威是真理的统一在历史性的现实中得以形象化的奥秘。一切成全方式中的真理与世界中的强力,以及人的高阶层次(承受所有这些真理,并且拥有这样的强力),其彼此共同发生的会聚是真实的权威的本质。

我知道权威,在于我在权威中成长。我可以依从权威生活,但不能去除它、摆布它。我可以历史性地深入权威,但不能从外在把握权威。

这样的权威不能加以概观。我面对权威,并不是与一个整体的他者相对。但对于我只能从外在看见而未曾生活其中的权威,我也从未看清它的内容,我根本无法看到它作为权威。

我成长为自身存在而得以成熟,这究竟归功于何种权威,我究竟还要把握何种权威(或许是在它的余威中)以委身于它,这些都是属于我被超越性地建立根据的命运。但有意对比、检验各种权威,然后作出在我看来哪个是真实或者哪个是最好的选择,这是不可能的。因为当我看到权威本身的时候,我已经作出了选择。同样,以哲学的眼光,从本源而来持续寻求真正的权威,如同意求某个目标,并且作出相应的打算,这也是不可能的。

尽管如此,我可以在哲思中通过偏移的现象使权威的没落得以理解:当那些彼此共同归属的东西相互分离的时候,当各种真理的方式,无论是实存、必然确定性,还是精神,都自主自立于自身并且意图妄称自己是权威的时候,当权威失去一切真理本源的活生生的特质而变成单纯的实存强力的时候,当权威想要把自身看作个人的单纯层次,但个人在世界中没有强力,也不为宣称并且争求这种强力而鼓足勇气、作出牺牲的时候,当我放弃自身存在的自由，并且"因为自由"而为了某种所谓的洞见"放弃自由"的时候，当我不经思考地听从而非完全倾献于权威深处的时候，权威是虚假的权威。

例外与权威就其历史性的现实而言是难以究极的成全。它们所显示出来的，对于单纯的理智来说往往表现为荒谬无理、应受指责的东西。比如，没有唯一真理，没有个人存在；又比如，对人而言，真理在时间中，并因此是历史性的，也因此是始终处于危险中的任务。

由权威规定的真理以及由例外说出的真理，此真理，当它存在，便是最具当前性、最为强而有力的真理；当它不存在，它是缺失至深、让人全心盼望的真理。只有当人们迷惑于看似清楚、单纯正确的理智真理而掩盖了一切本源与内容所是的时候，此真理有所成全的现实才会消失。但唯有在此现实中，我才自知我是生存着的。

例外与权威导向真理的根据。此真理不再只是某种成全的方式，而是贯穿所有一切。它在一切成全方式中显现自身，并以此能够成为统一。在它这里，各种由成全方式的对抗所导致的冲突似乎在瞬间得到解决，并且不是凭借某种特殊的成全方式的优先权粗暴解决，而是通过在所有成全方式中作为"一"（das Eine）有所言说的超验。这并非各种成全方式的某种和谐，而是从"一"而来在瞬间发生的统一。此"一"在事实上容许张力的存在并且为新的突破给定了空间。

例外与权威，二者是最为极致的对立，其相互归属而指向根本的真理。此二者是对立的两极。对此两极中的共同者，可再作如下刻画：

1. 二者皆在超验中建立。当它们显现出来，它们都对超验确信无疑。如果没有与超验的关联，便没有生存的例外，也没有真正的权威。

2. 二者皆是不完全或未完成的，它们都处于变动的状态，亦即处于一种持续的自身放弃之中。在此，它们在其各自的时刻作为唯一真实的东西从张力中出现。

3. 二者皆是历史性的，就像各种不可替代的东西。因此，它们就其本源性的真实内容而言是不可模仿，也不可重复的。它们历史性地成全一切，并且把一切封存于自身。它们以其历史性的会聚向一切空间开敞。

4. 二者之中是自行隐匿（sich entziehen）的真理，其隐匿而不成为我的概观与认知的对象。如果把它们构造为对象，就像某种理性演绎的原则那样，会把它们狭隘化，它们的生命与真实存在会被剥夺而去。一旦成为我合乎目的的计划与行为的对象，它们会立刻消失。"例外"与"权威"，这两个语词看起来切中明确的现象，但它们的意义却是指向某种超验的发生。在此，真实存在的根据作为一切成全的统而为一（统一）获得当前的呈现。无论诗还是哲学都不可能支配这种真理。诗走向它的边界，在此，在诗中得以成形的东西，其本身并非在根本上对诗至为关键的最终内在；哲学走向它的边界，在此，已思的东西从来不是所有的哲思因其得以发生的真理本身的存在。

如果人们在具体的科学形态中已经认可真理是合乎理智的可

认知性,继而也从成全的各种方式而来回想人们已经实际生活过的真理意义,如果人们最终已经在例外与权威中看到真理的形象,那么这些皆是返回现实的步伐。

但从哲学来看,在例外引发的震惊以及权威导致的安定中并不能够到达最终者。

真正曾经实际从事哲思的人,对他来说,若要没有任何疑问地生活在权威之下,这是做不到的。在权威中生活是一回事,对权威形成思考并且在思考中导向权威是另一回事。如果我生活在权威中,那么真理是朴素简明的真理;如果我对权威形成思考,那么权威便会无限错综复杂,而如果权威应当就其历史性的现实获得合乎理智的充分表述,那么对它来说,任何合乎理智的分析都是不充分的。然而,因为哲思的成熟,思想已经与在权威中的生活密不可分地维系起来。

这种哲思并不能够推导出权威。我相信权威,如此,这便是成全总体的本源;是否应当相信权威,对此我却无法给出相应的根据。对权威本身的阐述绝非这样的说明,其说明某种在历史性的意义上特定的、具体的权威。

哲学思想面对例外与权威仍未沉寂。尽管任何对权威的根据确立都会通过这个确立的过程放弃权威的权威性,因而尚未出现权威需要确立根据这样的悖论,但哲学思想不仅摧毁了那些变得虚假的偏移现象,而且也或许会把从本源而来者带向最为纯粹、最为明亮的当前。

这是面对例外与权威非但不会停止、反而深入其中的道路(哲学真理的道路)。这条道路叫作理性(Vernunft)[25]。我们不会以上述任何已经探讨过的各种形态来最终断定真理，也不会以其内容而直接指出真理。我们最终谈及理性。

理性是什么，对此提问，继而形成认识，从来并且永远都是真正的哲学任务。

理　性

理性的基本特征是统一的意志（Wille zur Einheit），但关键的问题在于：这个统一是什么。此统一被理解为现实性的一个并且唯一的统一，而不是在它之外另有他者的某种统一。这便决定了，在对统一的所有过早和局部的把握中，真理已经失去，或者还没有触及真理。

现在很明显：真理不是一个，因为例外把它打破，也因为权威只会以历史性的形象实现真理。尽管承认例外，尽管要听从权威，但超越多样性而追求唯一且普遍的真理形态的动力却始终不会减弱，只要理性还存在。

在一般意识的世界中以其必然性的理智知识而完全将唯一真理把握为正确的认知与正确的事情，这条追求唯一真理的道路是行不通的。如果我把自己限定在这条道路上，我便失去了因其得以生活的真理。

理智时常自称是理性，因为理性没有理智会寸步难行。但在理智认知的冲动中（在必然性命题发挥效用层面上的部分统一）却隐含追求更深统一的理性冲动。对此，上述理智统一只不过是中介。在理智意义上的思想，其本身还绝非理性思想（vernünftiges

Denken)。

理性寻求统一,但不是单纯为了统一而寻求任何一种统一。它寻求一切真理皆存在其中的"一"。这个"一"仿佛来自无法到达的遥远,它通过理性而作为克服或消除一切分裂的牵引力量获得当前的呈现。

在走近这个统一的过程中,理性是所有境况的维系者。无论是什么,理性总是意求把互不相关的分裂状态带回相互归属的运动之中。因为破碎而彼此陌生的东西,理性意求让它们重新相互关联起来。任何关联缺失的状态都应被去除。没有什么应当失去。

理性的维系力量已经在各个门类的科学中发挥作用。它表现为超越一门科学的各种边界或限度的动力,表现为对各种矛盾、关联与补充的寻求,表现为所有科学的统一理念。

但理性超出这种科学知识的统一而成为无所不包的联结与维系。理性照亮成全的各种方式,继而防止它们孤立起来,并且推动所有成全方式的统一。

因此,理性趋向对科学思想而言的陌生者(das Fremde)。它在对真理的期备中转向例外与权威。在例外与权威这里,它也不能停留下来,就像到达目的地似的。根据它所要求的"一",例外与权威也都是属于时间实存并且受制于此的临时性的东西。但没有什么临时性的东西能够让理性安定,无论它是多么伟大出众。

理性还被最陌生者吸引。对于通过自我毁灭而追求黑夜的激情在对白昼的法则与规范的突破中所实现的东西,理性也意求予以阐明,意求赋予它语言,让它不会像虚无那样消失。理性深入统一总是被打破的地方,以求在此突破中还能把握一种关于这种突破的真理,并且在打破的过程中防止形而上学意义上的破裂与存在本身的破碎。理性,秩序的本源,在对秩序的任何打破中都有它的同行。在一切陌生者、侵入者和拒绝者面前,它保持容忍与耐心,持续不断并且无穷无尽。

因此,理性是完全的交往意志(totaler Kommunikationswille)。它意求通往一切能够成为语言的东西,意求通往一切存在的东西(存在者),守卫它们,把它们保护起来。

理性以诚实(Redlichkeit)与公正(Gerechtigkeit)寻求"一":诚实区分于对真理的狂热与盲目,它本身具有一种无限的开敞与可被质疑的特性;公正让一切从本源而来的存在者作为其自身发挥效用,尽管在它们各自的边界(各自有限度的临界处)可能会遭受失败。

理性并非作为内容的自己的本源,而是如同从成全的唯一真理那里全然显现而来的本源,也就是所有成全方式的一切本源皆顺应本源的开启,以持续与"一"相互关联,从而相互维系。

由此,理性指向理性的根源:既指向通过理性发挥作用的不可触及的"一",又指向通过理性而可被获悉的一切本源的他者。

理性是向他者的持续推进。它是全体的同生共存以及无处不在的倾听的可能,既倾听言说者的言说,也倾听那首先使得理性自身有所言说的东西。

但理性不是普遍有效的让呈现出来的所有一切发挥效用的东西,而是开敞着让所有一切自行关涉自身的东西。理性有所阐明,不仅是为了认知,理性始终是有所争求的追问。理性从来不会成为必然限定自身、固化自身而有所占据的认知。它始终是无所限定(无尽)的开启。

理性以其向"一"推进的冲动不仅能获悉什么是存在着的,不仅能让它关涉自身,而且能够使得它所遇到的无论什么东西都运动起来并且处于运动的状态。理性因为有所追问并且赋予语言,从而引发不安(Unruhe)。由此,理性使得一切本源成为可能而自行开展。它们得以自行开启,它们变得纯粹,它们有所言说并且把自身置于相互的关联。理性使得真正的冲突与对抗成为可能。这些冲突与对抗在成全的各种方式之中、在成全的各种方式之间出现,并且就其自身而成为对于"一"的各种全新经验的来源。

理性与生存相互维系。生存承载着理性,没有生存,理性也将失去。理性就其自身而言使得生存的真理成为可能。由此,生存得以实现,其自身得以显见。

理性没有从自身创造什么,但它在一切成全最为内在的中心发生。唯有理性才能唤醒所有的成全,使得它们成为现实并且成为真实。

理性为了能够不受限制地依从那无所遗忘又完全开敞的统一意志(Einheitswille),它要求并且敢于一种彻底解脱的可能,亦即摆脱一切已经变得有限、特定、从而被固化的东西。

由此,理性鼓起理智的否定力量,以能够不计一切、放弃所有。在看到最为极端的可能性的同时,理性自身会形成这样的想法:这曾经是可能的,即根本没有什么东西存在。它不认为这种想法是任意空洞的理智游戏。莱布尼茨、康德,尤其谢林,面对这种没有根基的状态,会提出一个反复纠缠他们的问题:究竟为什么有存在而非虚无？尽管这个问题在合乎理智的意义上苍白无力，但也带来这样的当前，唯有在此，我们才得以真正经验到存在的存在是被赠予我们的东西，是不可用概念的方式把握、无法彻底看透的东西。它已先于一切思想存在并且向我们到来、为我们所获悉。

唯独理性的思想处于运动之中，没有停留、不知终止。理智总是想要保持固定，它总是想要认识"一"，并且把整体当作某种学说来占有。与此相对，理性始终想要推翻理智所争得的东西。理性追求统一，并非把统一当作对整体的概观。所谓概观，不过是依靠单纯的理智，其源于某种具有迷惑性的强力意志（Machtwille）。理性无他，只是对克服与维系的寻求。诚然，理智或许会因占据而骄傲，但没有理性的骄傲可言，只是理性有所开启的运动以及理性最终的安定。

人若通过理智回到自身，当他混沌地经受，而非理性地把握各种变革，他将不知所措、无计可施。当他对理智的信任发生动摇，会面临两种选择：要么不及理智，要么多于理智；要么瓦解已经争得的东西而落入生命力的本能冲动，继而以某种不假思索的听从把自己从中拯救出来，要么凭借理性克服这种危险，因为理性会再次把一切已被认识的真理熔化、融合并且提升为呈现而来的成全的真理。

如果人抓住各种最高的可能性，便可以完全彻底地欺骗自己。他可能会从已经登上的层级跌落下来，反而不如他当初所是。他为了保全其本质，必须紧紧依靠各种具有理性特征的方式，也唯有通过这些，才能拯救他的理智所争得的东西的意义。理性抛弃了所有的理智固化，是任何其他真理的先决条件。

当谈及无所不包的统一意志以及有所克服、使得什么成为可能的否定性，也就说出了理性的基本特征。但什么是理性，这个问题却没有像我们明白一件事情那样清楚。

理性所意求的，看起来好像是在破碎的时间实存中并不可能的东西。理性以"一"为目标，这是无法设想的，它不像一个清晰可见的范例那样可以依循。不如说，理性因为"一"的牵引力量而进入可能性的自由空间，就好像要在没有根基的地方找到它的道路。

理性，如同生存，通过一种跳跃而从存在者的封闭内在中跳跃出来。理智是固有的内在现象，与此相较，理性好似虚无一般。如果理性是我们作为寻求"一"、实现"一"的冲动所是的成全，那么这种成全具有超越性的本源，但它只能在我们内在经验到的各种冲动、要求与效应中显现出来。

在此，仿佛有一种理性的氛围（Atmosphäre）。当完全张开的双眼看到了现实本身，看到了现实的各种可能性及其可被无尽解释的特征的时候，当这双眼睛不去成为评判者，也不叙述任何绝对的学说，而是以其诚实与公正深入一切存在者，使它发挥效用，并且既不美化它、掩饰它，也不直接粗暴地简化它、轻视它的时候，便会弥漫理性的氛围。

理性的氛围在最为崇高的诗中呈现，尤其是在悲剧中。这种氛围属于伟大的哲学家。哲学存在的地方，理性的氛围仍然有迹可循。在有些人那里，比如莱辛，这种氛围十分强烈。虽然他们还没有本质性的内容，但却像理性自身那样影响着我们。我们阅读他们的语言，只为能在理性的氛围中呼吸。

哲学跨越千年，如同一首无与伦比的理性赞美诗，尽管它总是误认为自己是已经完成的知识,尽管它总是跌落为无理性的理智并因此总是反过来错误地轻视理智,尽管它总是被人憎恶、让人不得安定而被视作某种对人的特殊要求。

理性粉碎了狭隘的伪真理,消解了狂热盲目的信仰,从不容许情感与理智上的安慰。理性是"对理智而言的神秘",不过理性却在理智的一切可能性中发展了理智,以对其自身有所转述。

如果我想要在哲思中获得一种可以依靠的知识,如果我想要认识而非信仰,如果我想要为一切找到技术性的方案,而非从一切成全方式的整体而来去生存,如果我想要依据的是精神病理学的规定,而非自身存在的自由,那么哲学将会把我抛弃。只有在知识与技术无所作为的地方,才会有哲学的言说。哲学指示、指引,但不给定什么。哲学本身的发生伴随有所照亮的光芒,但并不创造或带来什么。

如果我们在对成全的阐述中所得到的无外乎是各种空间的广阔,在其中,可能的存在得以呈现而来,那么,我们在对真实存在的阐述中所获得的也无外乎是各种通往这些存在的可能的道路。

但我们从事哲学的动力具有更为深远的意义。我们所意求的并非各种可能,而是现实。

尽管哲学并不创造或带来现实,也不会为缺失现实的人给定现实,但哲思者凭借其从事思想的本质而持续寻求对现实有所洞见,而且他自身成为现实。

第三讲　现　实

现实问题

当我为自身照亮成全的空间,就像把我黑暗牢笼的围墙变得透明:我看见了广阔;一切存在者皆可对我当前呈现。当我继而确信存在借以向我显现的真理,我仿佛与光同行并且变得自由。可一旦这束光芒无所照亮,便不过是某种闪烁,在这样的闪烁中,我与万物如同消解了一般,并非现实。我经受着光芒的故去:我不再会热爱,因为在我这里、在我当前没有任何的现实。必定有在真理光芒中的生长者存在:哲思的最终问题始终是对现实本身的追问。

现实的后退

在我们从事哲思之前,在我们实存的任何时刻,现实问题似乎已经得到解答。我们与各种事物打交道,我们遵从现实存在向我们直接显现的各种方式。人的实存、各种要求与准则有其现实存在;计划周密的安排布置以及人际关系的正确导向有其现实存在。现实存在有各类物体,有事件发生的因果关联;现实存在有原子,有能量;从技术上说,自然可被控制;自然看起来确实可靠,尽管我们对发明创造的技术运用与原始民族的神秘行径往往没有什么区别:同样无所理解与把握,同样没有思想。

现实事物在当前现实存在,这似乎令人满意、确实可靠并且无可置问。唯有缺失的意识才能唤起追问:当我渴求我还未曾认识的现实以及我还不曾是它的那种现实的时候,当准备好材料、做好安排而勇敢行动,但还不能在世界中合乎目的地实现这种现实的时候,哲思才会出现。我追问现实。

我想要在整体上认识什么是真正现实存在的东西,并且走上认知的道路。

我想要存在,不只是生命的持续,而是真正我自身的存在;我意求永恒,并且走上现实行动的道路。

我们走上第一条道路,即认知的道路,我们想要认识自然的现实所是。在此,我们会听到:我们获得的所有表象,其本身并不存在,只是现象向我们显现的主观感受而已。这些会逐步形成认知:首先是对各种事物的缩影透视(比如早期天文世界的知识);然后是对次级感官特性(比如颜色、声音等)的主观感受,时至今日也包括对触觉、空间与时间的主观感受。物理的现实是陌生的,而且越来越陌生:它首先成为物体的"在空间中存在",不再与主体相关,是不经透视就已得到思考的东西;继而成为基础性的原子空间存在，只是在大小与运动上有量的差别；最终它还成为不可表象、只能用数学公式加以计算的东西。如果被这样认识的现实无限遥远，只是表现在可被测量的特性，那么对我们而言的世界"现象"所表现出来的样子同样无法理解。这种世界现象的显现，对我们来说，最终还是会再次成为完全现实的东西。但尽管如此，它绝非"现实"。一切皆是以其各自方式存在的现实，同时，一切只是透视的视角或观点而已。

我们关于人的实存的知识正是这样发生的。

我们总是把人的实存看作实在论的现实，无论是经济事务还是外交政治行为，无论是各种各样的社会秩序还是精神原则等，皆是如此。当我们把个别的相互关联看作决定性的，并且把其他的关联看作从中派生的、次级的上层建筑的时候，我们便陷入某种现实意识的纠缠与困扰，而这种现实意识又立即会被批判性的知识消解。所有这些可被考察与研究的现实皆是不容置疑的现实要素，但凭借这些现实要素也无法触及"现实"，而可被考察与研究的东西，包括它们的总和或秩序，也绝非整体。

在对特定知识的追求中，现实似乎持续后退，因而"现实是什么"这个问题根本不能通过批判性的研究得到回答。当然，个别的事实看起来终究还是现实的东西。我们说，一件事实，它在此实际存在或不在此实际存在，总归是有无可撼动的东西在此，而相互矛盾、甚至相互敌对的观点也必须承认对它们来说有共同的东西存在。现存的事物、发生的事件、做过的事情，这些总会被什么人认识，或者说，这些必定可被认识。但这却是一个错误。首先，任何实际的个人都表现出他的无尽（Endlosigkeit）；其次，任何事实皆有无限解释与再度解释（grenzenlose Deutbarkeit und Umdeutbarkeit）的可能。谁若想要确定把握某个事实，必定先已构造了它。"一切事实的，皆已是理论"。所有单纯的迷惑与欺骗、显而易见的错误以及任何的晦暗难解与歪曲混淆，即使它们都会被克服，个别的事实仍会保持其无尽与再度解释的可能。

无论我想要在整体上把握现实，还是将其把握为个别的事实，最终，现实总是在方法层面上的研究所无法触及的限度与边界。

我们走上第二条道路，即行动的道路，我们寻求自己的存在的现实。

我们的实存本身并不能够让我们满足。它是持续追求的冲动，无尽并且没有最终目的，也自知越发没有意义，尤其当它看到它的终结的时候。在行为、事业、声名与后续的影响上，它只会获得稍长时限的再度延续，但它不会欺瞒自己，它知道这种时间上的延续终将会在世界总体的沉寂中走到它绝对的终结。

我们继而从我们本质独立、无所依存的自身存在中寻求自己的存在的现实。但我们越是坚决地是我们自身，我们越是明确经验到，我们不单是通过我们是我们自身，而是我们被赠予我们。我们自己真正的生存的现实也并非"现实"。

通往现实的超越

在这两条道路上，我们有意把握现实，以最终认识现实或者我们自身是现实，却反而陷入无底的深渊。我们不能把现实当作一个他者来认识，也不能把它当作我们自身来拥有。所有的道路，无论通往具体的科学还是事实本身,无论通往现存既定的客观对象还是什么类型的存在论知识,如果我们把自身限定在这些道路上,与不同的认识方式相对应,它们只会把我们导向各种现实的方式,而这些形态的现实,其本身却并不充分。

我们的哲思到目前为止还只是在做清理工作。在此批判性的哲思基础上,我们寻求另一哲思(ein anderes Philosophieren),由此,我们可以返回现实。我们寻求一种哲思,尽管它以一切可能性的现实形态为前提,也就是说,尽管它想要无限把握并且认识各种方式的现实,但也要走过它们而通往现实本身。这是问题所在。哲思必须在此经受考验,至于具体的哲思如何实行,只能通过这种哲思本身来说明。为了简便,必须从些许事例说起。我选取抽象的、在狭义上所谓思辨性的思想为例。或许简单提及,便可体会它的意义:

无可能性的现实

真正的现实是不能被思考为可能性的存在。这说的是什么呢?

一个现实,如果我从它得以形成的各种原因来把握它的实存,那么在不同的情况下,它也很可能会变成别的样子。认知的现实作为被认知的东西是一种实现了的可能性,它在被思中保持一种可能性的特征。甚至我所思考的世界整体也是各种可能性世界中的一个。现实,就我对它有所认知而言,我已经通过认知的过程把它置于可能性的空间之中。

但现实本身所在,正是可能性终结的地方。现实是不能再被转变为可能性的东西。当我对现实有所把握,继而把它理解为各种可能性中的一种时,我在此触及某种现象的显现,而非现实本身。我只能思考我同时将其思考为可能性的东西。

因此,现实是与任何形成思考的过程相对抗的东西。谢林曾经这样说过:"单纯的实存者,即仅仅实存着的东西恰恰是这样的,因为它,一切会从思想而来的东西皆被打消。"思想从自身而来无法到达现实。它在现实那里搁浅,只能在因自身的无能所致的碰壁中体会到。进入现实的关键在于一种跳跃。

一种完全可被思考(可思)的现实便不再是现实,只是对可能性的某种附加而已。它不是一本源,因而也不是真正的根本所在,只不过是一种派生的、第二性的东西。事实上,当我们以为已经把全部的现实转变为可思的东西时,也就是说,当我们用全部的可思性取代现实性的位置时,在这样的时刻,我们会被某种虚无的感受侵袭,然后会生出这样的想法:无需任何现实。这是虚无与可思性完全适配的标志。但我们在此现实的毁灭中也经验到自身的毁灭,对于这样的我们,虚无却并不充分,也并不足够。相反,现实的内在领会把我们从只是可被思考的表象世界中解脱出来。如果我们在超越中触及现实,那么对我们来说,思想便不是第一性的,而是与现实相对派生出来的东西。因为思想在思想者的现实中、在触及无可思者的碰壁中才能获得理解。由此,"并非因为有思想才有存在",谢林说道:"而是因为有存在才有思想。"当思想彻底怀疑现实,对于这种无可思与先行于思的东西,对于这种不可预思(unvordenklich)的现实,谢林作此回答:"无尽的实存者恰恰因为它是这样,也确定无疑与思想、与一切怀疑相对。"[26]

思想者自身的现实甚至也先行于他的思想。我们是我们思想的主人。只要我们现实存在，我们就不会屈从于任何思想体系，也不会屈从于某种已思的存在。我所思考的是可能性，因为我既可以把握它，也可以把它抛弃。无论我所思考的是什么，在任何思想和任何已思的东西中，我从未废除作为整体的我自身。毋宁说，我的思想从属于我的现实，除非此现实并非我自身，而是我经验性实存的一面，并且这一面就其自身也必定应该从属于什么；再不然，除非我根本不是我自身，除非我已经抛弃了我的现实，因而在事实上已经无意识地从属于另外无论是什么的他者。

　　尽管现实作为已思的现实从我们这里后退，但却也作为无所不包的承载者在当前呈现。如果是这样，而且如果它在当前的呈现是出于那种任何思想都不能将其转变为可能性的东西，那么，哲学的思想无意把这种真正的无可思性去除，反而予以加强。因为正是通过失败或无能为力的思想才能体会现实的重量。

　　思辨性的思想必须防止这样的误解：

　　现实成为不了可能，我怀有这样的想法来思考现实，从而以可能性的范畴向现实性的范畴超越，那么可能性与现实性便都不再是范畴。但如果它们重新变成特定的范畴，也就是说，思想不是以其自身向无可思者超越，而是变成某种"现实即无可能"这样的知识，那么关于现实已知的必然性，便会产生某种伪知识。从超越的意义滑向知识的拥有，这在我们对思想有所内在经验的方式中表现出来（因为空洞的、根本不会成为任何内在经验的思想总归没有什么意义）。

　　我们面对所谓已知的无可能性的现实而抑郁不安。因为，我们拥有可能性的话，便可以发生改变，这样的变动是我们在时间中实存的呼吸，是我们自由的条件。如果已被认识的东西，诸如不留情面的实际性、无可避免的必然性、存在者单义的确定性，被当作绝对的现实，那么它们便会压制我们，使我们窒息。

然而，恰恰凭借真正的超越，并且在此超越中不让思想落回有限的知识，这反而在一切现象的显现中、在一切对我们而言可被思考的东西那里保留了各种可能性。与此同时，实际显现者的多义性也获得完全的保留。我们的时间实存贯穿这些可能性，唯有在此时间实存的变动中，我们才得以安定。这种安定不再是面对无可能性的实际状况时令人麻木的抑郁不安，而是永恒现实（ewige Wirklichkeit）所带来的震动。此永恒现实通过时间现象的无尽显现出来。在它所带来的震动中，永恒现实意味着深切的满足。

只要我有所思考，便又是可能性。因此，一方面，思想在时间现象中始终为我们创造可能性的空间，我们的自由与希望保留在此空间中；也因此，另一方面，无可能性的现实是永恒的，思想在面对这种现实的永恒时停止，在此，我们不再需要任何自由，而是获得安定。

历史性

我们尝试用第二个事例来体会现实：现实性对我们显现为历史性。

永恒现实不能被看作某种无时间性持存的他者，也不能被看作某种在时间中保持不变的东西。毋宁说，永恒现实作为一种过渡（Übergang）向我们显现。它得以实际存在，在于它作为实存又立即远离而去。它所获得的形象不是延续,也不是持续不变的秩序,而是失败。

现实这样显现:它并非持存,而是过渡。对此,可作如下说明:

1. 在无尽的世界总体中,人如尘埃微不足道,同时又具有某种深刻的本质:人可以认识一切,也能把对一切形成的认知(知识)封闭于自身。人是这两者,并且在这两者之间存在。他在此往复起伏的存在并非某种可被固定的持存的现实。

2. 人的历史没有任何可能的最终状态,没有完成的期限,没有目标。无论何时,完成都是可能的。此完成同时也是终结与没落。人的伟大及其本质所在取决于其伟大与本质的瞬间。现实只向过渡自行敞开,也就是说,不是向单纯事件发生的任意瞬间敞开,而是实现了的瞬间。这样的瞬间不可重复、无可替代,是现实本身在消逝中的当前。此当前的瞬间对于存在其中的生存而言是决定性的,而对于在理解中触及这种不可理解的现实本身的注视者(Betrachter),它也是余晖的反照。

3. 世界现实并非与人同一的整体,人也不能通过世界现实而真正现实存在。现实作为世界也总已失去。关于整体的完满形象,它或是一种清楚明白的理性的最终秩序,或是所有生命的整体,或是在对抗中公正的持续均衡,或是往复循环,或是沉沦的终止以及从此开始的必然重建,或是诸如此类的其他什么,不过只是某种具有迷惑性的和谐而已。

在虚无与全体之间,始终只是过渡,没有哪种无所不包的整体可以完全完成。在任何情况中,人只有是历史性的,才是现实性的。现实性作为历史性来理解,这并不是说在历史学的意义上认识它,然后以这种历史学的知识为准(比如依据历史时代在整个历史中处于什么位置的知识去推论时代的任务以及我在时代中的任务),而是说与我所属其中的、在时间中具体显现出来的现实成为同一,从而深入本源。

与此相关的诸多表述可能会被误解为行动的指南,但如果它们指明了对现实有所历史性地内在领会的各种方式,那么它们仍是真实的表述。比如,充分实现或满足各个瞬间;执行日常任务;去做无可替代的事情;整体性的当前呈现。此外还有,通过置于过去的根据、凭借将来得以从中前来的可能性的空间而发掘当前的深处:过去的回忆和将来的前景成为当前的现实,而不是我们从当前逃往的远处;它们把当前提升为永恒当前。现实只是当前性的现实。只有作为当前呈现的现实,它才是历史性的,并且不可重复。

唯有通过历史性,我才能明确什么是真正超验的存在。只因超验,转瞬即逝的实存得以获得历史性的实质。

统一性

我们尝试第三个事例:只有当现实是唯一的,对我们而言才有真正的现实。

我们对各种现实有所认知而让世界明亮起来,由此,各种统一性首先趋于消失:

1. 一切认知的进步只是更加明确地表明,知识得以形成的世界存在(Weltsein)只在各种存在方式的间隙中开启。在无机的自然现象与生命之间，在生命与意识之间，在意识与精神之间，知识越是清楚明白，便越是表现出一条无法越过的深渊。然而，在所有的间隙之外，始终还是保持共同的关联与相互的统一。尽管这种统一逐渐退却，但仍然是认知的任务与前提。

2. 世界的整体对人而言不能在他实存的最终持存与延续的意义上被真正确立为一。任何对人确立世界的实现都会立即在其自身显示出一种不可能性，也会立即显示出这种确立的形态走向破败的萌芽以及这种确立的过程愈发不可预见的倾向。然而，我们还是不断寻求统一的、关联为整体的、自身完满并且充足的世界确立。

3. 当人内在领会了他的作为本源的自身存在，便立即会显现出当前的破碎。首先是因为在某种成为统一的实存中，此自身存在的实现并非完全；其次是因为各种生存的真理的多样性。各种生存彼此遇见、互相照面，但生存自身的本质特征却是要在共同的交往中发现"一"。无论怎样遥远，此"一"总会有所联结与维系，并且属于所有一切。

任何存在的破碎方式都是对我们的要求，要求我们在破碎的东西中并不先已看到现实本身。我们的理性具有追求统一的冲动。这让我们不是在散乱的、以各种各样的形态表现出来的现实中寻求真正的现实，而只能是在统一中寻求，比如统一的上帝（唯一的上帝）、统一的世界、统一的自然现象的整体、统一的真理、各种科学的统一、在世界历史性意义上的统一。对我们来说，这些总是本质性的要求。如果这些要求无法实现，各自分离的东西便似乎不仅只是混沌，而且也表现出它们的非现实性。

然而,在对统一性的把握中,我们总是误入歧途。比如,我们会倾向把某种狭隘的真理假定为唯一真理(对世界中各种有限性的事物形成正确的理智知识,继而把这些知识的必然有效性绝对化为一般的真理);或者,我们把作为一个整体的世界看作以统一性的方式可被认知的东西(把物理学或生物学知识的某种相对的整体绝对化为存在本身的整体);或者,我们不知不觉便坚信,只有人类的某一种形态才是人的真实理想(因而把某种历史形象绝对化)。

在事实上,统一性不能被全然理解为直接被给定的事实条件,也不能被全然把握为知识的内容、某种理念或机制。任何把统一的存在确定为一种单纯内在存在的道路,反而会招致裂隙与破碎,导致不协调与不完全。我们自身最为明确的内在领会也同时伴随这样的基本认知:我们作为可能性的生存只能与他者的生存共同成为我们自身,而生存也不是把自身封闭为一种在自身内的生存。统一性,如果有,只在超验中。从超验而来,可以在世界中把握统一性,而通过在我们生活现实的实现过程中无条件的、绝对的统一性,我们可以体会、感知统一的上帝(唯一的上帝)。统一性在对一切内在统一性的超越中是现实本身。在超验那里,真实的统一性作为世界中所有统一性相互转换的枢纽,是所有统一性(对我们而言清晰可见并且映照着我们)的源初形态。

超越的经验

在上述三个事例中,我们被指向共同的经验:

1. 现实不断后退，直到在超验那里停止并且守持于此。

在每次将现实把握为一种特定的可认知性后，便会重新出现这样的问题：什么是现实本身，而且它如何在当前呈现？如果我预先认为在一个可以有所把握的世界存在中拥有超验，那么我反而把它错失。我们从事哲思，需要克制这些倾向，比如，把现实固定在感性可被明确掌握的东西上，在具体的观察过程中以各种形态占据现实，或者想要以思辨性的思想合乎理智并且放心可靠地去认识现实。但事情总是相同的：当人们想要全然把握现实，当人们直接谈论并且有意认识现实，而不是在超越中通过自己的生存成为现实的过程去触及现实的时候，也就是说，恰恰在人们相信可以通过批判性的熟练机巧完全切近现实的时候，却总会面临失败。

2. 在上述事例中，通往现实的哲思道路是一种使用各种范畴但又超越这些范畴的思想。统一性、可能性等范畴，对我们来说，皆是存在者所具有的特定形式。对这些范畴的超越就像是对现实的呼求。在思想中，我们想要深入思想与现实具有同一性的地方。但在此过程中，我们发现，思想面对现实总是会碰壁并且反弹回来。然而，当思想因其碰撞现实的经验而超越自身的时候，便能以一种无可替代的方式直接让现实向思想者的当前呈现。

3. 一个基本经验：现实性的东西并非简单"存在"。现实以某种方式向我们显现，就此来说，只要我们依其对我们而言的可控性、完全性、正确性与持续性来衡量它，便总会感觉有什么不可行的地方，好像我们已经从现实那里掉落，而只有凭借真理才能返回现实。

因此，任何时间性的现实现象也都是不充分、不适当的，无论它是什么，必定都会变成别的东西。

因此，在内在存在中可以直接把握的东西，只有在它透明的时候才是现实的显现。

因此，如果不是凭借思辨性的思想去实行超越，而且不是把思辨性的思想（在对我们上述三个事例的误解中）理解为这样，好像以此思想便可通过一种使得什么变得有限而合乎理智的过程认识现实，那么思辨性的思想也会颠倒成为一种具有合乎理智的内容却并不透明的世界存在。

虽然实际性的事实不留情面，但这并非无可能性的现实存在。从任何世界存在中去除可能性，继而把它绝对化为可被认知的现实，这会让超验消失，让自由没有意义，并且会让人对现实产生错觉。

任何特别的个体在历史个体意义上的显见，他的客观现实并非就其历史性而言的生存。历史性作为实际存在者在历史多样性中的特殊性，如果它被看作绝对的现实，那么这会让超验在单纯的个体意志或自我意志中消失。

统一性若是某种我们可思（无论在数量上，还是在逻辑上）的形态，便不是无条件的绝对现实的统一性。一种在世界内的客观统一性，当它作为这样的统一性被认识、被客观化、被要求，便不再是超越的统一性，而是某种狭隘的、孤立的、机械的或是系统化了的东西。

然而，超验只在可能性终结的地方存在。没有历史性，超验便不会在时间中存在；没有统一性，便不会有超验。

4. 现实与对现实的经验绝非自明的东西。尽管现实似乎可以在任何时刻获得当前的呈现,但在更多的情况中,现实早已消失不见。各种意见与表象,各种习惯与活生生的实存感受,这些都是一种现实的假象并不可靠的依据。

因此,对现实的冲击始终就像是对假象的突破。这是一种全新的、真正在根本上支撑着我们并且为我们提供依据的经验。

只有当我返回我自身,我才能获得这种现实的经验。在可被经验的世界存在意义上不可听及的超验有所言说,而它可以被听见,只为生存。我自己的现实取决于我如何认识现实以及我把什么认识为现实的方式。我们如何触及无可能性的现实,我们如何在我们的历史性中凭借历史性而把统一性把握为现实,这构造着我们切近现实的方式。

依据生存的现实得以实现的深度、力量与范围,当前性以及相应的现实性,包括与超验的远近,似乎会有等级的区分。

5. 在任何的不足中,亦即在现实没有从它深处而来获得当前呈现的地方,我们会对现实产生冲动:人只有在存在中才会获得安定,而存在正是现实本身。

什么东西存在着,仅此事实便已是惊人的满足。

但随后的关键在于:什么存在。现实可被感受,不在于对其如此存在无动于衷的空洞安定,而是只有在这样的安定中才得以可能:此安定克服了对现实如此存在的震惊,也就是说,只有在已经获得并且充分实现了的安定中才得以可能。

如果只在现实那里才有安定,那么在时间中,我永远只能通过有限性的语言听及这种现实。在极度危急的状况中,在临界处,我以怎样的形态思考现实,这是我自己现实的一种基本特征。尽管最深的满足只在现实本身所是的现实那里,其无尽并且完满(完全),我们所是以及为我们存在的所有一切皆是从此现实而来并且在此现实中存在。但我们对此现实有所内在的领会,永远只能通过历史性的具体化所显现出来的各种现象的道路。

哲学的基本决断

我们讨论过的所有经验都集中表明:在生存意义上的思想中实行的是哲学的基本决断,其决断了我如何把握现实的方式。

自身封闭的内在或通往超验的突破

1. 哲学信仰(philosophischer Glaube)的第一个决断:一种世界自身中的完满可被思考,还是超验引导着思想。

纯粹内在的要求基于这样的主张:一切超越者都是迷惑性的错觉,是不切实际的幻想,是逃避现实艰难的臆造与虚构。

此内在迫切成为存在本身,因为只有它可被认识。只有内在可被认识,也就是说,一切知识只是关乎内在。

然而,因为各种断裂、破碎、统一性的缺失、现象的杂多以及事物的无法完满,内在显得脆弱难堪。

虽然单纯的内在会有一时的力量,虽然晦暗平庸的知识也会保持片刻的光明,但它缺少无条件忠实的绝对性,缺少在有所热爱的对抗中不断生长的连续性,缺少真正现实的当前呈现。它在以虚无为终点并且只是自己欺瞒自身的实存抗争中始终缺少希望,仅仅局限于内在的热爱会失去起飞的力量。然而,正是这种起飞的力量让人在上升中更加深刻、更加坚定地去热爱一切值得热爱的东西,仿佛只有在这样的时刻,一切存在才会变得清晰显见。局限于内在的热爱只是狭隘的热情。

如果没有超验,保留下来的便只是空存无实的存在者。它单纯流逝,要么不能自知自身,要么自知微不足道。当我让存在出现在认识或知识中的时候,对我而言,超验已经消失不见,我自身也暗淡无光。

因此,当我们本源性地经验我们的本质:在对一切实存的突破中,超验对我们而言就是现实。在此发生的是我们存在意识的跳跃。

与哲思相应,超验尽管隐匿,却也作为现实在当前呈现。但超验似乎说出些什么,这仍然含混不清。我必须敢于去理解它的所说。这种责任不会因为它是直接的神性话语而被废除。超验是我因其成为我自身的力量:我在我真正自由的地方存在,正是因为超验。它最具决定性的语言是通过我的自由本身而有所言说的语言。

世界之外的生活或世界之内的生活

2. 第二个决断:超验是把我引向世界之外从而否定世界,还是要求只在世界之内把我实现。哲学信仰与世界密切相关,并且把世界看作对它来说所有一切得以存在的条件(因而在事实上,一种纯粹的内在学说是随时会把哲学挖空的切身危险)。哲学信仰要求完全依循世界之内的事情存在,最重要的是在世界中全力去做各自具有意义的事情(以便在这样的行动中、在源于这样的行动而得以显现的现实中获悉超验一向含混的语言),同时,也不能忘记世界整体面对超验而趋于消失的虚无性。哲学信仰凭借对有限性的认识而要求把历史性看作唯一的实现方式。哲学信仰要求高昂的姿态。这种态度不"想要"死亡,但也把死亡接纳过来,把它看作一种迫使深入当前的力量。如果哲思意味着学习死亡,这不是说我念及死亡、出于畏惧而失去当前,而是说我依从超验的尺度,通过永不停息、积极行动的实现去提升当前。

因此,如果一切对我们而言的存在者皆以实存的形态存在,那么对我们来说,超验不是什么。

因此,如果对我们而言在实存中的真正的存在只在与超验的相互关联中,或者只是作为超验的暗语(Chiffre),那么对我们来说,超验是一切。

宗教的现实

在上述哲思中,现实通过思想获得确证,但尚未完成。哲学看起来是一种无效并且让人失望的思想:它无处给定"现实"。因为哲学以此为前提,即从事思想的人想要通过哲思使他已经带来的和他可能成为的都变得清楚明确并且具有可靠的持续性,而不是以此为前提,即他想要获得曾经无论如何都不可能获得的东西,想要成为仅凭自身而无法成为的那种人。返回现实的最终步伐归根到底是由任何个人以不可预期的方式自身完成。哲学只能指出道路。这是通过真理以切近现实的道路,也是把握存在的道路。存在永远在当前呈现,但又从未普遍显见。

宗教唤起完全不同的希望。现实承载着一切,这在宗教中被经验为明确的、获得权威保证的、以一种在本质上不同于所有哲思的方式而被信仰的东西。现实已然有所言说,它在神话(Mythus)与启示(Offenbarung)中获得理解。

哲学不能创造神话,因为如果有神话,那么在神话中存在的便是现实本身。哲学只能在神话中发生并且间接确证现实。哲学不能代替启示,因为如果有启示,那么在启示中有所言说的便是现实本身。在此,只要现实存在,哲思只能保持沉默;但在此,如果在世界中出现的是各种定理与主张,是各种感性现象与各种要求,哲思便立即开始。

现在,我们来描述宗教的特征,看看从哲学出发,也就是从外部来看,它是什么样子。尽管宗教无可避免会表现出这些外部特征,但也必须有所保留,因为这些外部特征并不充分,可能错过了宗教信仰的现实。我们从这些外部特征中挑选几个,在上述三个事例中关于现实所探讨的通往现实的哲学的超越可以用作线索。

绝对的启示

1. 当无可能性的现实是现实本身,如果它对我们而言存在,那么它必须获得语言,必须可被言说起来。但只要语言是一种思想的过程,而且语言的内容是已思的东西,那么它便立即会再次把现实思作某种可能。这种可能性本就以其他可能性为条件才成为现实。

在语言的形式中,可被言说的东西是现实无可置问的如此存在。语言的形式必定是一种在思想中同时又停止去思的思想形态。

神话与童话(Märchen)大概就是这样一种形式：它们讲述了一个故事，不必依据事实（也就是说，在充分的因果关联与动机关联中，由此，故事的发生可以理解，进而被确定下来，但它或许也可以成为另外的样子），而是把故事当作没有任何疑问的发生事件。在对事件的讲述中，只是感受到"它是这样"、"它曾经这样发生"所表现出来的现实性，完全不会好奇提问是否还有其他的可能。现实作为不可理解的自明的东西被理所当然、简单直接地承认并且接纳下来。这是一种直观的形象，没有某种已思的东西所特有的概念与普遍性。它让人体会现实存在的整体。所以，神话与童话不去阐明什么。如果以合乎理智的结果、原因与目的为准，它们是最无意义的东西，但恰恰因为是这样，它们可能最为深刻并且可以无尽解读。

神话与童话不过只是现实的一种语言形式。一般而言可以这样说：只能作为历史或故事被讲述的东西是现实，比如总会有什么东西存在而非虚无（现实世界的如此存在），比如作为这种现实显现的源始现象(Urphänomen)。

只有想象的语言才与（看起来如此）拒绝任何研究的现实相关。

只有倾听作为暗语的存在才能获悉无可置问的现实。在倾听中，存在如同发生转换一般：不仅变得透明，而且成为无原因、无根据、不再与可能性相对的必然性。

此超越性的现实的语言是一种无可比拟、不可推导的本源的对象性。

这对哲学而言是暗语的语言；这对宗教而言是现实性的超验在神话与启示中的当前呈现。

如果重视这种在其本源中的基本事实，我们便会放弃通常只能二者选一的看法，即要么认可一种想象的非现实性的象征符号，要么选择在感性意义上亲身感受的现实。

在事实上，两者都有：

一方面是成为感性本身的实在化（Realisierung）。这就像复活的基督，他穿过紧闭的门扉突然降临在众门徒面前，见证神迹仍还不敢相信的托马斯触及他的刑伤。另一方面是在美学象征符号中的升华。这样的象征符号散发着令人着迷的魅力，没有任何约束，无需实在的当前呈现，但也因为历史传统的无尽丰富而始终以各种不同的形象提供审美的享受。

与这两方面相对，或者更为准确地说，先于这两个方面，是本源性的方式：现实在有所信仰的感知、有所信仰的经验这条道路上获得把握，此外无他。但只有当自身存在通过自身的现实而对现实有所感知的时候，现实才得以在当前呈现。

在心理学上，信仰凭借各种表象与现实相关。如果我固守这些表象，认为在它们当前呈现的具体形象中已经获得信仰的内容，那么我已经犯错：在信仰中在场（当前呈现）的现实本身从我这里远离而去。因为对信仰来说，关键不在于被信仰者的表象，而是在于被信仰者的现实。正如世界的现实通过感官得以把握，超验的现实需要通过信仰才得以通往（无论哲学的信仰还是宗教的信仰），两者各不相同。一种错误的唯心论（Idealismus）把感性世界和信仰世界都变成假象,把它们当作意识的创造,但哲学所要面对的却是现实。

因此,在超越性的现实获得当前呈现的地方,任何阐述与说明都不能破坏它。如果对感性世界最为明确的研究摧毁了各种迷信的固执与混乱,那么对于超验的真正感知只会获得提升。

在宗教中,只要能从哲思来看,就会发现那种把超越者当作感性特例,即特定神圣的典型倾向。相反,对于哲学而言,在各种感性形象与经验现实中,从各种各样的历史性的自由本源而来可以感知超验,而这些自由的本源正是此感知能力得以可能的地方。在原则上,一切皆可成为神圣,并且没有什么是纯粹完全的神圣(对于一切普遍有效)。换句话说,在宗教中,暗语的现实符号似乎把自身限定(有限化)为超感性的感性实在,而在美学直观中,它把自身抽空,变成空洞无意义的单纯意谓。如果从哲学来看宗教在仪式崇拜、戒律教条和团体制度等方面的内容,那么上文已被否决的二者选一的状况无意间会重新出现。从事哲思的哲思者或许会极度热诚地感激他的宗教的符号象征,并且反对任何侵犯与损坏。这些符号能够以无可替代的方式向他言说,而且他越想指明它们的意义,对他而言,它们作为某种现实的符号象征越是成为不可思议、无法说明的东西。但这些象征符号并不能够向他保证特定神圣者的纯粹与完全。对他而言,它们始终是现实性的符号象征,只因它们是无尽的,也就是说,它们不能被封闭于任何教条与任何具有目的性的行为之中。

所谓暗语,对哲学而言,它是超越性的现实在世界中的具体形态。在世界中,一切皆可成为暗语,而对理智来说,没有什么必然是暗语。此暗语不能通过别的东西说明。但如果把暗语分选出来，把它当作自身封闭于世界中的神圣者可被直接把握的某种特性来感知，那么，暗语便不再是暗语，而是变成一种经验性的现实。

绝对的历史性

2. 在哲学上，超验始终可以从本源获得历史性的把握，而且只会是历史性的当前呈现。但这意味着，超验的客观显现不会对所有人有效并且成为真理。相反，就宗教的启示信仰而言，超验结束于一次性的历史发生，而这种历史性的"一次"作为唯"一"对所有一切都是客观并且完全有效的，对于任何人，它都是获得拯救与福祉的条件。

从哲学上来看，这是一种历史性本身的转变。启示信仰的深刻原本在于以历史性把握生存信仰所不能逾越的根据，而在发生转变后，所失去的正是在生存意义上的历史性本身。因为，如果我不在我实际的历史性中生存而让这种历史性沉没于某种唯一的、整全的历史性之中，那么生存的历史性必定会拒绝它直接的、超越性的本源。当我相信一种把所有的历史性皆纳入自身的绝对现实，并且就其自身也只是某种特殊历史性的绝对现实，我便切断了与其他历史性的可能的共同交往，把其他历史性看作具体的素材而强加于自身的历史性。

任何人皆被赐予的东西，比如他的历史性、他的回忆，比如他在临界处所能看到的他的唯"一"，这些与共同的传统具有密不可分的关联，而且这种传统越是把一种含混不清、变动不已并且又向所有人的可能性与现实性延伸的历史性纳入自身的回忆，它便越为深刻、越具启发性,也越让人专注集中。但尽管如此,从哲学来看,这种共同的传统决不允许其自身绝对化为唯一的、绝对的、所有人的世界历史性:一是因为其他历史性依据它的本源也具有相同的权利,不应在精神意义上消灭,而应在追问与质疑的永不停息的时间进程中共同言说;二是因为个人的无可替代的历史性不应因其统归于某种唯一的、普遍的世界历史性而消解其超越性本源的直接性与独立性。

这是从一种生存向另一种生存的转变:一种生存,在自由中、在向所有本源的开敞中,它从未完成,而且它历史性地实现自身,不可预见;另一种生存,其自身封闭而成为否定其他一切本源、维系所有人与所有未来的特定的实现,在此,哲学似乎已经抛弃了理性。

绝对内在化的统一性

3. 从哲学来看,统"一"(唯"一")在宗教那里显然也已经转变为在世界中清晰可见的客观统一性。在启示信仰中,我把统"一"理解为在此历史性的形态中对所有一切是"一"的统一性。此"一"尽管是历史性的,但就其历史的客观性而言又普遍有效。我相信传统教会组织的统一性,这种统一性在感性可见的意义上无所不包含其中。我不再历史性地归属于我的教会,而是绝对归属于这个普遍的、唯一真实的"教会"。由此,在当前呈现的当前性也不再是众多历史性的生存中某种历史性的生存的显现,而是在整体上无所不包含在内的东西。这种统一性的特征在如下结果中表现出来:

权威不再是在历史性的对抗中的权威。它因为是唯一的,也是绝对的、稳固的权威。

我相信从过去流传而来的一部经书(《圣经》),已经不再像我相信其他伟大著作的内容那样,而是相信它是唯一。上帝已经通过这部经书直接给出他的启示。也就是说,我这样相信,是因为当前的教会作为明见的保证把它称作唯一神圣的经书,并且要求这样去相信。

我必须把历史上所有一切其他方式的信仰看作不真实的信仰。如果它们是真实的,那只是因为其中分散有真实信仰的萌芽,而且真实信仰的些许部分已经在其中生长,但这些只有在唯一教会那里才会真正清楚、真实。

在唯一真实的教会之外,对我而言,对其他任何人而言,无处可得福祉与拯救。

统一性不再是破裂的碎片,而是具体完满的整体。它具有唯一并且明见的神圣教会这个形象,谁若参与其中,便可在绝对的满足中发现这种统一性。

哲学疑问

宗教与哲学显然具有不同的特征(不仅限于上述几种,完全展开也是如此)。在宗教无比巨大的历史现实面前,会出现这些问题,它们因为哲思与现实相距甚远而怀疑哲思是否具有意义、是否具有力量。

第一个问题:

宗教通过遭受苦难而有所行动的英雄气度、通过艺术与文学作品的创作、通过一种无与伦比、不同寻常并且被记作神学的思想获得确证。超验的现实凭借这种信仰的现实、通过这种信仰的创造而无比切近。

在哲思中，我能像在宗教中那样明确坚定地切近现实吗？这样的现实，生活因它成为可能，它在任何情况下都像宗教现实那样立得住。但哲思从其自身而来拥有这样的现实吗？

回答：宗教的现实不能通过哲学实现。它在当前呈现并且可以获得理解与把握的东西完全不同于哲学，也或许更多。对于宗教的实证性（Positivität），哲学没有相同可比的一面。但尽管如此，哲思并非没有实证性。在宗教那里，这种哲思的实证性即使没有失去它的基本特征，显然也有失去它的危险。

哲学信仰是个人生活的实质。哲学信仰是哲思者依其历史性的根据的现实。以此为根据，哲思者被赠予自身。

在哲思中，我经验到超验的现实，没有任何中介，而是通过非我自身的我自身。

哲学信仰无能于任何机制，但或许又在任何机制中成为可能。它说出自身，这在对哲学精神王国的宣告中发生，在思想者之间相互理解并且各自转述的彼此对谈中发生，在所有人都参与其中而没有人能据为己有的唯一"永恒哲学"（philosophia perennis）[27]的显现中发生。这种显现永远不能获得最终的理解与把握，它维系着所有一切，尽管会有相互的敌对以及本质的不同。

哲学信仰是一切真正的哲思不可或缺的本源。从此本源而来，人在世界中的各自的生活得以活生生地行动起来，以便经验、研究现实的各种现象，并以此更为清楚明确地实现超验的现实。

然而，本源、行动与目标，其各自只能以历史性的、不可重复的形态实现。

现实在哲学信仰中获得理解。这样的哲学信仰因其并非教条而不能成为承诺。对于哲学信仰而言，思想是从隐秘的本源向现实的过渡。因此，思想作为单纯的思想是没有价值的，它有意义，只在于它照亮了什么、使得什么成为可能，在于它作为内在行为的特性，在于它有所吁求的力量。

第二个问题：

从哲思来看，我们试图刻画的宗教现实的特征并非从宗教现实本身说起。这是否预先包含一种有所否决的态度，是否预先怀疑宗教在根本上并不确切适当，也并不真实？这不已经是对宗教的抗争吗？

回答：当从哲学而来谈及宗教，上述对宗教现实的特征刻画在所难免，正如当我们从宗教而来谈及哲学时所刻画的特征也必定不能完全适合哲学。唯有通过哲学信仰或宗教信仰而成其自身所是的人才能理解哲学与宗教。但如果认为从一种信仰转向另一种信仰的人必定理解两者，因为他对哲学与宗教已经获得现实性的经验，这也很可能是一种错误。可以猜度的是：一个人先前是哲学家，后来走向宗教信仰，他或许没有从事真正的哲思；但对于一个从宗教信仰转向哲思的人而言情况又如何，这或许要看他的宗教信仰本身的真切程度。

这种看法的结果是从哲学发展而来的一种立场或态度。若是依据一种有关唯一普遍有效的真理的思想来衡量，这种态度或立场具有自相矛盾的悖论特征：

1. 哲学必须对非哲学的真理的要求分辨清楚。哲学从它自身永远不会成为的东西开始，而没有这种东西，哲学或许也不会成为哲学。对于活生生的哲思而言，一个基本问题是：宗教的现实究竟是怎样的，亦即在宗教中获得理解与把握的现实和具有宗教信仰的人的现实究竟是怎样的？这个问题始终还没有最终的解答。

2. 哲学与宗教有对抗发生。只要这种对抗不是为了世界中的实存，而是与真理相关，并因此不是通过暴力，而是在精神性的意义上凭借各种根据、通过各种事实与问题发生，那么对它而言，必定遵循这样的规则：如果把哲学与宗教对立起来，则必须把两者放到相同的水平，不能把一个看得更高，对另一个进行贬低。

一种哲学，如果它的支持者与捍卫者因为缺失真正意义的生存而陷入空洞的思考与不切实际的主张、跌入单纯的内在并且把某种已被认识的东西当作绝对者而深陷困扰，如果他们因为这些而失去信仰，那么这种哲学便不再是哲学；就像一种宗教，如果它固执于某种臆想的超感性者及其无精神性的感性呈现，那么这种宗教便不再是宗教。所以，一方面，此对抗是反对哲学的空洞沉闷，反对它有所摧毁的破坏性，反对它的轻率浮夸；同样的理由，另一方面，此对抗反对宗教的迷信，反对它的狂热与破灭，反对宗教的支持者与捍卫者缺失生存的状态。

但哲学与宗教并非敌对，哲学不过是异于宗教。哲学思想让人体会一种在宗教形象中无法充分满足的本源。这种本源通过现实充分实现。此现实不由哲学给定，但它却由哲学唤起才可被获悉。这样的现实如同宗教的现实，直接向我们呈现而来，不经任何对它有所把握的过程。在从事哲思的人及其世界那里，它承载着所有一切。

因为异于宗教，而且只要宗教忠实自身的本源，哲学便不能把宗教看作非真理而与其抗争：哲学以其不理解宗教而在随时准备去理解以及有所追问的理解意愿中承认宗教是真理。哲学通过宗教而始终重新感到震惊。这属于哲学本身的生命。哲学与宗教的关系是对抗。这种对抗依其本质而从哲学方面停止，并且先于各种未经把握的决断。哲思者愿意承认教会宗教的实存是与哲学传统密切相关的实质传统的唯一形态，哲思者想要与哲学被共同纳入宗教现实的范围，当然不是作为下层建筑，而是作为相对应的一极：没有它，宗教也会没落。

因为，当宗教提出对世界上的所有一切皆为有效的普遍性的主张与要求时，它与哲学相互质疑与相互检验的共同媒介便会遭受践踏。从此，永不停息的对抗开始。

3. 与此同时，哲学假定，看起来危及宗教的哲学思想在事实上并不会对一种真正的宗教构成危险。如果不能经受思想的考验，它便不会真正存在；如果拒绝倾听与置问，它也不会真正存在。坚定的思想只会让那具有现实本源的东西更为纯粹、更加明确。当然，已经堕落的宗教是咎由自取，理应遭受被抨击的危险。

第三个问题：

最近几个世纪的历史似乎给出一个深刻的教训，即宗教的衰败改变了一切。权威不再是权威，例外不复存在。似乎一切皆成疑问，变得支离破碎，没有什么是真实的，一切皆被允许。当这样的结论得出,便不再会有无条件的绝对性。与此相伴出现的是再无根基可寻的无计可施,与此共同发生的是自身封闭、深陷绝路、无意于任何思想的狂热与盲目。真正的现实与作为超验而在当前呈现的宗教共同消失。宗教已经失去所有的力量,它金玉其外,但败絮其中:一有冲击,便至败落,没有任何抵抗。但不可思议的是,它与它的冲击者一同归于尘土。

一切危及宗教的力量因而会招致整个人类的毁灭。哲学与科学也不例外。最近,伴随哲学的通俗化与大众化的普及,大量空洞的启蒙思想变成普遍持有的理智教条。当所有人都参与科学,一种对未经理解的科学内容的迷信便流行开来。

与此同时,人类的意识衰退也开始发生,尤其是对人类实质、命运与理想的理解能力,甚至表现出无可遏制的沉沦。直到19世纪,这仍然表现在当时的文学作品中,同样也在人的实际生活中有其现实的体现。如果荷马、索福克勒斯、但丁、莎士比亚、歌德对人的关切越来越少出现,那么这很可能是科学与哲学的过失。它们教人以肤浅表面的思想去怀疑一切,继而以其理智主义(Rationalismus)吞没所有的深刻。一切存在者不外乎是这样,它从自身表现出其天然的可认知性,归根到底,这不过是种平庸无奇的事实性而已。

问题:哲学作为一种具有破坏性、毁灭性的思想方式不应被否决吗?

回答:这些对各种因果关联普遍有所抱怨的主张皆是成问题的。它们给人启发,但是立不住。人们已经厌倦了这些对世界历史与将来或是悲观、或是乐观的笼统论断。尽管人们想要认识各种可能性,并且寻求那无法预见、目力所不及的东西,但人们首先想要在当前作为他所能是的人存在,在当前做他现在所能实现的事情,而这并不取决于某种关于世界历史的总体知识。

在此,哲思的任务是而且始终是:让我们向成全的广阔开启,敢于通过各种真理的意义而在由热爱所规定的对抗中共同交往,在最为陌生者与有所拒绝者面前耐心平和并且持续不断地保持清醒,理性地返回现实。这个任务是可能的吗?

一句老话说,在科学中,一知半解的知识让人放弃信仰,完整完全的知识把人带回信仰。事实上,科学的认识说的是批判性、方法性的认识,说的是知道人知道什么与不知道什么,说的是对知识总体的边界的认识,说的是哲学地对待科学。若非如此,各类科学成果的概念与命题所表述的东西便尽是迷信的内容。

这句有关科学的话语可以转用到哲学上:一知半解的哲学使人远离现实,完整完全的哲学把人带向现实。一知半解的哲学导致了当今时代归咎于哲学的那些后果:令人们或为各类问题忧思费心,或为各种学说的历史知识徒费心力,或是沉迷于突发的念头,或是流连于细琐的公式,又或是听凭于反复衡度的理智,总而言之,失去现实。与此相对,完整完全的哲学对上述各种可能有所控制,本质上是思想的集中与专注。在此,人凭借归属现实而成其自身。

虽然完整完全的哲学能够以其简明但有效的思想形态推动每个人甚至孩童去实行这样的哲学,但对它有意识的筹划与完善却是从未完成的任务。尽管这个任务始终作为某种当前呈现的整体发生,但也是时刻需要去重复实行的任务。只要人保持其作为人的本质,无论是以怎样的形态,都会对此任务保持清醒的意识。哲学的道路艰难并且漫长,或许只有少数人真正走过这条道路。这条道路确实可行:"sed omnia praeclara tam difficilia quam rara sunt(但任何伟大的事情稀有并且艰难)"。

再版后记

　　这几篇 1937 年的演讲早已脱销。尽管里面的大部分思想已经在我的那本大部头著作《论真理》(*Von der Wahrheit*)中出现，而且它们当年就是从这部著作的手稿中提取出来的，我还是如出版社所愿将其重新付印。我觉得可以再版，是因为这些演讲有它当时的处境，而且"生存"有它在此处境中的意义。

　　"生存哲学"这个语词的历史并不完全清楚。据我所知，最早是弗里茨·海涅曼(Fritz Heinemann)在他 1929 年的《哲学新路》(*Neue Wege der Philosophie*)中正式公开使用的。他自认为是最早的使用者。但从此，这个语词却经历了一段寂寂无名的过程，多年以后才成为当代哲思的标语。当时，我并没有在意海涅曼对这个语词的使用，因为从 20 年代中期开始，我便在各种演讲中使用它，完全不觉得有超出克尔凯郭尔的任何新意。我从未想过，也不认为可以用这个语词讲述一种新的哲学。在我的演讲中，我是用"生存阐明"(Existenzerhellung)来表示哲学的部分领域。我不认为海涅曼的那本书真正切实有效地创造了一种新的现代哲学，尽管他为此哲学的实际存在确定了名称。当然，海涅曼的确使得这个语词广为人知。"生存哲学"，尤其联系到"生存论哲学"(Existentialphilosophie)的创始人海德格尔[28]，总是被看作当今哲思的特殊标志，具有非逻辑运算、非传统的特征，而且现在已经根深蒂固。尽管所有被算作该哲学流派的代表人物都拒绝这样的称号，可它就像一个幽灵，以它的名义，最不相同的东西都被看作是相同的。在 1931 年出版的《时代的精神处境》(*Die Geistige Situation der Zeit*)中，我自己用它来表示对人进行思考的哲学方式；同时期的三卷本《哲学》也只在一卷中讨论了"生存阐明"[29]，不过都是在这三篇演讲的意义上谈及"生存哲学"。我曾经提及，"生存成为当今哲学的标志性语词"，但它本身也只是唯一古老哲学的某种形态。虽然我把这个语词用作各种演讲的标题，但并未想过让它成为口号或者标语。当时，这个语词尚不具有误导性，萨特的存在主义(Existentialismus)[30]也还没有在全世界流行开来，而且他的学说属于外来的哲学思潮，所以，我仍然可以用这个语词表述某种完全不同的东西。

这正是当时唯独占据我内心的东西。在我被解除教职后的几个星期里（我被解除教职，是因为我妻子的犹太身份，不是因为我那并不为人所知的政治主张，也不是因为我那并不令人感兴趣的哲学），我写完这几篇演讲。虽被解除教职，但法兰克福自由德意志学会(Freies Deutsches Hochstift)的会长恩斯特·博伊特勒(Ernst Beutler)教授认为在解职前发出的邀请仍然有效，我知道我将不能再公开讲话，于是抓住这最后的机会，也感谢出版社，这些演讲能够出版是我意想不到的幸运。这是我当时最后出版的著作，直到纳粹垮台，自由德意志在西方重现生机。这些文字的基调切合它诞生的时刻，涉及那永不磨灭的东西。

我应当说些什么呢？在演讲那几天，由于生病，我比平时更加虚弱。这也算是某种征兆，所以我发出一种在当时几近绝望的呼声。这种声音能唤起些什么？会把人唤醒，让人有所回忆。它在哲学中回响，而对于理性生命，当宗教的、教会的信仰不再给人支撑，一切可被确证并且提供坚实基础与依靠的东西，皆是出于哲学。

但我在演讲中没有直接影射纳粹，这在当时可是要命的。我是这类人，决不会让自己因为疏忽大意而落入恐怖机构的手中。我个人的身体条件使我没有能力进行一场计划周密的积极反抗，即使我具备合适的身体条件，作为一位孤立无援的教授，恐怕也不会决定采取什么行动。当时，我没有任何余地，只有弄清人所做的是什么、人想要的是什么，并且从中得出结论。对于我们来说，只能做些天真的避世行为，以保全自然本性的尊严（在许多情况下都需要保护这种生命的尊严），有时还需要说谎，无法顾及后果。因为当野兽占据一切毁灭性的暴力，便需要用诡计去对待它们，而不是像对待人和理性生命那样。诚然，斯宾诺莎的"遁世"是种难能可贵的要求，我们始终不曾忘记，但追求它的道路却行有不足。这种危难的处境，我在 1946 年的《德国的战争罪责问题》(*Die Schuldfrage*)中已经谈过，在此不作重复。

任何个人的苦难，反映的都是德意志的祸患。当时的情绪、心境完全是出于对德意志灵魂与德意志精神正在遭受摧毁的认知。从 1934 年开始，我们海德堡学界便流行这句话："日耳曼结束了"(finis Germaniae)。当时，我们无法预料会出现怎样的情况。与后来发生的骇人听闻的事件相比，1937 年的艰难处境已经是微不足道，而借助外国力量消灭纳粹，以拯救德意志生命，仍然看不到丝毫的可能。

在朋友间的小圈子里，出于相互依靠的完全信任和休戚与共的谨慎注意,可以开诚布公、无所不谈。我本人和他们一样,都认为只能保全思想的实存,以此,至少还能在精神上守护、实现德意志的本质。我成为我从未有意成为的那种德意志人,当然不是在民族意义上,而是在伦理意义上。我以自己深信不疑的德意志本质来对抗当时日益可怕、日渐破败、日趋惨无人道的社会环境,而面对那个世界,谁想活命,只能沉默不语。

在这些演讲中,我所说的是人们可以不必承担任何风险就能说出的东西:唯有哲学。这得以可能,是因为纳粹从最高层的领导到最低级的帮佣,无论他们在组织上、技术上,还是在宣传上、诡辩上是多么杰出的知识分子,在精神上却都表现出令人难以置信的愚蠢(不同于俄国的共产党人),而且他们轻视哲学,也没人懂得哲学。

这几篇演讲所谈及的东西并不只为当时,但如何表述却是出于当时的无奈。在思想的具体实施中,会隐约有此背景中的东西表现出来。后来当我不时听说有些与我素不相识的人如何因为阅读这些文字而感到"安慰",以及哲学如何因其自身的要求可以给人这种安慰时,我深受鼓励。

在当时完全彻底的威胁与危险中发生的是对理性的尊重,是对科学的坚守,是对本质的确证,是深入一切存在根据的思想,当然,其内容本身并不由当时的处境决定。所以,我不认为这些演讲中有任何限于时代而已过时的话语。关于(存在的)成全、关于真理、关于现实所说,哪怕没有它们当时得以被思的危急,也依然成立。

卡尔·雅斯贝尔斯

1956 年 5 月于巴塞尔

注 释[*]

［1］雅斯贝尔斯把"生存哲学"看作唯一古老哲学的现代形态。此"古老"不仅是指时间或历史的源头,而且具有"源初"的意义,因而也是"唯一"。人们从唯一古老的"哲学"而来形成哲学的言说,并以此构成哲学的历史。雅斯贝尔斯的生存哲学让人在现代世界重获源初的哲学。

［2］Existenz 与古希腊语 ἔκστασις 相关,具有"从自身的边界绽出、惊异而沉迷"的意义,通常译作"生存"或"实存"。雅斯贝尔斯以 Existenz 特指人自身的现实存在的整体,其始终与"超验"相关,是超越性的现实,而非单纯的实在,故而译作"生存",也区分于他所理解的"实存"(实际存在)。

［3］雅斯贝尔斯生存哲学中的"本源"并非单纯的逻辑开端,而是现实"存在",亦即让生存成其自身存在的"现实"。同一"本源",在"存在"的意义上,它是无所规定的、无尽的"一";在自身存在的意义上,生存各自有其存在的本源,是有所规定的、有限的"多"。生存的"本源"具体化为自身存在各自的本源,其并不抽象,亦非绝对的单数,而是同时具有复数的形态。与此相应,雅斯贝尔斯区分了生存的"内在"(自身存在的存在)与"超验"(存在本身)。"本源"同时具有内在性与超越性两个维度,其内在性在于它是超越性的内在,其超越性在于它是内在性的超验。

［4］在"本源"中洞察"现实"(现实性的本源与本源性的现实)是雅斯贝尔斯生存哲学的任务所在。如果海德格尔在《存在与时间》中把可能性看作高于现实性的生存论维度,那么在雅斯贝尔斯的哲思中,现实性高于可能性。

---

[*] 本书原文中只有一个注释,即注释 25。其他未作特别说明的注释均为译者注。

"现实"何以作为本源性的"存在"是真理或真实存在的领域,这是雅斯贝尔斯探讨"生存"的基本问题。

〔5〕从谢林经尼采到海德格尔的德国现代哲学皆强调"思"作为"回忆"的形态。这样的"思"首先是动词性的"思'想'"。此"思想"并非思的方式与结果,更不是一般意义上的思维或认知,其规定于"现实",是思及"存在"的回想,而具体的思想正是在"思'想'"中形成。

〔6〕雅斯贝尔斯在写作中经常使用 ergreifen 或 erfassen 等可以译作"把握"的语词,其同时具有"理解"与"解释"的意义。思想作为内在行为所把握的"存在"正是理解与解释的"现实"。这种诠释学(Hermeneutik)的倾向在20世纪的意大利哲学,尤其在都灵学派的哲学中获得明确的表达,直接影响并且构造了现代诠释学的生存论形态。尽管雅斯贝尔斯并没有过多讨论诠释学的问题,但在翻译过程中,译者仍然根据不同的语境将此"理解"与"解释"的意义标注出来。

〔7〕雅斯贝尔斯通常使用 Philosophie 的动词形式 Philosophieren 来表述"哲学",亦即"思想"的现实发生,而不是把哲学看作单纯的学科或既定的思想学说。同时,哲思的历史也并非单纯的哲学史,而是存在的"现实"在思想意义上的实现。思想是"生存"的现实方式,故而把 Philosophieren 译作"从事哲学思'想'"的"哲思"。

〔8〕Dasein 是德国哲学的常用概念。雅斯贝尔斯并非在黑格尔逻辑学的"定在"意义上使用这个语词,也不同于海德格尔讨论存在问题的"此在",而是指人具体的、身体性的实际存在,故而译作"实存"。这样的实存与一般意识、精神共同构成生存的"内在",其相应于"超验",同时具有成为现实性的真实存在的可能。

〔9〕此"根据"并非逻辑推论的起点或传统形而上学意义上的原则与基础。生存作为自身存在以"自身理解"的方式在自身中通往自身的根据,即本源性的存在的"现实"。生存从其根据而来(内在性),并且返回根据而去(超越

性)。在此往复的过程中,生存的"现实"得以实现。

［10］现实在思想中获得,但思想并非现实的规定者。相反,现实规定了思想的发生。思想与现实相互维系；没有无现实的思想,也没有无思想的现实。这并非主体与客体的认知关系,而是思想与现实(存在)的同一性。当然,此"同一性"并非直接或绝对实现,其以具体的形态(艺术、历史、宗教等)具体化为生存的现实,亦即生存的真实存在。

［11］Das Umgreifende 是雅斯贝尔斯讨论存在问题特有的基础语词,与海德格尔讨论存在问题的 Ereignis 类似,其最为重要但又最为难译。此讲的德语标题是 Das Sein des Umgreifenden,根据语法,应当译为"成全者的存在"或"成全的存在"。但雅斯贝尔斯的生存哲学所探讨的"存在"并非具体存在者的存在,而是作为存在本身的成全者。在此,"成全"也并非存在的某种特性,而是存在本身"作为"成全,故而将此标题译作"存在的成全"。所谓"成全",其一方面是指存在的整体,人在此整体性的存在中、通过这种整体性的存在而与各种有所规定的存在者相应、以各种有所规定的方式存在；另一方面,"成全"也是人自身所是的存在,亦即自身存在的生存,其本质在于让存在作为成全发生。这样的"成全"同时是动词性的"'成'全"(全体的生成)与"成'全'"(生成其全体),也是"自身成'全'"(与生存的超验相关的全体性或整体性的存在)而'成'其自身全体(与生存的内在相关的自身存在的现实)"的生存。存在的成全"让"一切作为自身而成为自身。生存作为自身存在所呈现的正是"存在的成全"。此外,"成全(某人或某事)"是汉语的常用表达。虽然雅斯贝尔斯的哲思不能代换为日常语义,但日常语言中的"成全"或可在此哲思的基础上获得更为丰富的深意。

［12］海德格尔注重存在的可能性,因而看重"将来"；雅斯贝尔斯注重存在的现实性,因而看重"当前"(Gegenwart)。此"当前"并不只是时间意义上的现在,其同时也是存在者以各自方式存在的空间,亦即"存在"得以在当前呈现的空间,故而把 gegenwärtig 译作"当前性"或"当前呈现"。在此,"当前呈现

者"并非认知的对象,而是"存在"的对象,是存在的成全得以预示自身但从不成为任何特定对象的"地方"。如果存在者的存在通过自身存在的生存呈现而来,那么当前呈现者所敞开的地方同时也是生存得以可能的空间。

[13] 哲学作为思想往往具有"观看"的意象,哲学是一种"看"的能力。在"看"中,被看的对象有所规定而具有特定的"对象性"形态。然而,雅斯贝尔斯所探讨的"成全"并非特定的观看,亦非认知的观察,相反,在"成全"中,各种观看的对象皆失去其特定的对象性。这并非把观看对象的各类意义去除,而是让它成为"存在"的对象,从而保持无所规定的"简明",不致固化为特定的存在者。以此,雅斯贝尔斯在后文(第三讲)讨论了世界内在的"透明"和存在的"注视者"等形象。在"生存"的意义上,人在其自身存在的边界或临界处专注简明的"存在"。哲学的"看"从有所规定的观看转变为无所规定的"注视"。哲学注视存在的现实以及生存作为自身存在的实现。

[14] 与认识或知识问题相关,主体、自我、意识等从来都是哲学的基础语词。在此,雅斯贝尔斯并非特指某种意识哲学,而是一般意义上的"意识"本身,其与实存、精神共同构成生存的内在。与前文讨论的实存相同,意识与精神同样具有成为现实性的真实存在的可能。

[15] 此"领会"是思想规定于存在的"现实"、让现实"存在"获得当前呈现的内在化过程,因而是"内在领会"。这样的领会并不封闭于思想自身,更非单纯的认知,而是接受、揭示、实行。正如前文提及的"把握",此领会同样与诠释学意义上的"理解"和"解释"相关。

[16] 雅斯贝尔斯在20世纪30年代左右逐渐从精神病理学转向哲学,并开始筹划他的"哲学逻辑学"。1947年出版的《论真理》是他多年思考的成果,而相关的遗稿,即《哲学逻辑学遗稿》(*Nachlass zur Philosophischen Logik*)也已于1991年出版。

[17] 哲学与科学不同,科学必定有其具体的研究对象,而哲学往往讨论超越性的存在或存在的整体。雅斯贝尔斯所谈及的"超验"并非某种先验的领

域,亦非外在的超越者,而只是"超验'存在'"或"存在"与存在者相区分的超越性。此"超验"仅仅作为"'超'验"是生存的"超验存在"本身。"存在"以其超越性使得追问存在的哲思成为可能。由此,哲思的"内在行为"得以把握、领会、理解并且解释"存在"。对于生存的自身存在而言,"存在"并非绝对外在的他者,而是内在性的超验。

[18] 存在的超越性或生存的超验并非空洞的设定,其通过生存的"内在"获得现实性的当前呈现。"存在"同时具有内在性与超越性,这决定了生存的内在与超验。

[19] 雅斯贝尔斯把生存规定为"自身存在"。生存自身区分为内在与超验两个维度,其自身存在是从"内在"向"超验"的跳跃与过渡。因为内在,生存作为超越性的"自身'存在'"不致成为设定的对象;因为超验,生存作为内在性的"'自身'存在"不致落于近代以来主体或自我的困境。也正因此,Selbstsein 译作现实性的"自身存在",而非主体性的"自我存在"。

[20] 海德格尔在《哲学的终结与思想的任务》(收录于全集第十四卷)中宣告了传统哲学作为形而上学的终结以及思想仍然可能的本源性的任务。当雅斯贝尔斯将"生存"形成主题,他也始终与传统的本体论,即形而上学意义上的存在论保持根本的区分,并把"在本源中洞察现实"看作生存哲学的任务所在。他们并非拒绝传统,也并非人为断定传统的终结,而是在自然、上帝与精神等不再具有规定性的时代返回传统得以形成的本源,继而从传统过渡而来,以揭示思想相应于现实的可能性。由此,雅斯贝尔斯与海德格尔把"存在"问题看作他们哲学的基础问题,而非单纯的形而上学的概念。与传统相对,首先是存在意识的转换。

[21] 艺术通常被看作生命情感的外化"表现"。但如果艺术以"生存"为根据,那么它所呈现的"内容"便是自身存在的现实;而如果现实性的自身存在是艺术的本源,那么正是自身存在的"现实"让艺术家有所创作。由此,艺术往往具有"个人性"。当然,这种个人性并非任意创作,艺术自有它的"现实"。艺

术家以各自的方式创作艺术的现实"存在"。与此相应，人们也可以从其自身存在而来对"艺术"作出各自的解读。艺术可以共同转述，甚至艺术家的创作同样是解读与转述的方式，因为创作的完成并非艺术的结束，反而是其在解读与转述中得以"成全"的开始。解读者的自身存在共同成为艺术的本源。与当时流行的"表现主义"（Expressionismus）美学相对，雅斯贝尔斯揭示了某种生存论美学的可能。

［22］在雅斯贝尔斯的生存哲学中，"存在"是成全的空间，而且只是作为这样的"空间"，其并不依存于特定的存在者，因而是无所限定、无尽的永恒存在的空间。与此相对，有限的"存在"，即有所规定的存在者，因其"有限性"而始终处于时间性的变动之中，是具体的时间性的实际存在，即"时间实存"。在此，空间比时间更具本源性。这也是雅斯贝尔斯的"生存哲学"不同于海德格尔的"基础存在论"的根本所在。

［23］此处涉及存在的语言性。"存在"有所言说，这并非形象的比喻，而是"语言的本质"。在后文（第三讲）中，雅斯贝尔斯称此存在的语言为"暗语"。当然，他并未对语言的本质作详细的阐述。此后，海德格尔在其晚期思想中以存在与语言的"同一"（das Selbe）为主题，真正探讨了语言的本质。

［24］生存作为自身存在的"实质"并非抽象的属性或特质，而是现实"存在"的实现，亦即人在生存哲学意义上的本质。Substanz 通常译作"实体"，在此理解为人在本质意义上的现实存在。

［25］雅斯贝尔斯原注：德国哲学家早已对理智（知性）与理性作出完全彻底的区分。但此区分并没有深入普遍的语言意识。对于理性这个语词，总是需要重新获得它的深意。

译者注：自康德以来，"知性"与"理性"获得明确的区分。但历经古典哲学以及近现代科学知识的发展，这两个语词的意义已经发生转变。雅斯贝尔斯重新以生存哲学的方式审视了知性与理性的关系。他把"理性"看作最重要的哲学语词，却更多是在消极的意义上使用 Verstand，故而译作"理智"，而非单纯的"知性"。与此相应,后文的 Rationalismus 译作"理智主义",而非"唯理论"或"理性主义",以免误解雅斯贝尔斯所强调的"理性"。

[26] 这两段中的谢林原文均引自《谢林全集》(*Sämtliche Werke*, *Stuttgart und Ausgsburg* 1856—1858)第二部分第 3 卷,即《启示哲学(第一部分)》(*Philosophie der Offenbarung*)的第 161 页。

[27] philosophia perennis 通常译作"长青哲学",是从古(尤其中世纪的宗教哲学与神秘主义)流传至今的一种思想形态。雅斯贝尔斯借以表述永恒的"哲学"本身,与前文提及的唯一古老哲学相对应,故而译作"永恒哲学"。

[28] 海德格尔与雅斯贝尔斯曾经保持深厚的友谊,其哲学也都以"存在"为主题。虽然他们无论在学术上还是在生活上最终各自走向不同的目标,但雅斯贝尔斯的思想道路始终伴随与海德格尔的对话。此即他的《海德格尔札记》(*Notizen zu Martin Heidegger*)。因此,在对雅斯贝尔斯的解读中,译者有意让他与海德格尔形成对照,以揭示更多的思想的可能。

[29] 雅斯贝尔斯在 1932 年出版的三卷本《哲学》分别以"哲学的世界导向"、"生存阐明"与"形而上学"为标题。

[30] Existentialismus 通常译作"存在主义",但因其与 Existenz 的关联,或许译作"生存主义"更为合适,也更能体现雅斯贝尔斯的"生存哲学"、海德格尔的"生存论哲学"以及萨特的"生存主义"在根本上的不同。人们往往把"存在主义运动"看作 20 世纪哲学特有的标志。然而,这似乎更适合法国哲学家。海德格尔与雅斯贝尔斯只是在"存在"问题的意义上讨论"生存"以及相关的语词。他们与存在主义或许会有相似的用语,甚至些许相似的结论,但在具体的哲思中却有实质的区分。一个重要的区分点在于是否从哲学的传统"过渡"而来获得存在论的视域。虽然雅斯贝尔斯与海德格尔各自走向不同的道路,但他们最终形成的皆是思考"生存"的存在论思想。

解　说

存在问题是哲学的基本问题。自古典哲学、尤其谢林的晚期哲学以来，经克尔凯郭尔，对存在问题的讨论逐渐获得生存论的视域。"生存"成为存在问题的基础语词。这主要表现在海德格尔以此在的生存为主题的"基础存在论"以及雅斯贝尔斯的"生存哲学"中。如果海德格尔探讨存在的意义与存在的可能性，那么雅斯贝尔斯所揭示的便是存在的现实性。这两位生前保持深厚友谊的哲学家分别以不同的方式共同呈现了"生存"自身的本质。此《生存哲学》正是雅斯贝尔斯讨论存在问题的哲学纲领。生存往往给人非理性、重视生命体验与身体感受的印象。然而，如果对人的现实"生存"有所哲学的深思，那么它源于古老的哲学传统，仍是让人思考最为根本的哲学主题：存在的自由与真理。这是雅斯贝尔斯的哲学任务。以此，他追问存在的现实。

雅斯贝尔斯把生存规定为内在性与超越性的自身存在。生存自身区分为"内在"与"超验"两个维度，或者更为准确地说，生存同时是超越性的内在与内在性的超验。如果没有超越性的维度，那么生存便只有封闭性的具体内容，无法成为整体性的"自身'存在'"；如果没有内在性的维度，那么生存便会空洞无物，无法成为现实性的"'自身'存在"。生存因"超验"而成为存在本身的显现，同时也因"内在"而具有存在的现实。当存在本身作为问题被提出，其首先以自身存在的形态发生："存在"使得"自身'存在'"的生存成为可能，这在于"生存"以"'自身'存在"的方式让存在到来。在生存论的意义上，不存在抽象的、非自身存在的存在。雅斯贝尔斯把这样的存在称作"永恒现实"。此"现实"并非具体的实际存在，对于生存而言，它是自身存在的"本源"。人们不能以各种可能性去界定这种统"一"的现实，只能以各自的生存让它获得历史性的当前呈现。存在的"现实"推动了生存作为自身存在的历史：不仅是生存世界的历史（内在性），也是人从事"哲思"的历史（超越性）。雅斯贝尔斯是真正的现实主义。

生存作为自身存在的各种具体形态均已在哲学的历史上得到讨论，比如实际性的实存、认知性的意识以及理念性的精神。这些具体的生存形态分别以各自的方式解释世界的整体。然而，无论实存、意识与精神，还是世界，它们作为自身存在的内在，唯有从超验而来才能获得"存在"的整体性，否则只是"存在"的替代者。也就是说，生存自身没有特定的具体形态，它是整体性的自身存在。如果哲学是在整体上考察世界，那么其最终需要追问的是生存作为自身存在的整体性。当然，生存的整体性并不在于它由实存、意识与精神等内在形态构成，而是在内在与超验相互区分的边界、在从内在向超验的跳跃与过渡中显现出来。由此，生存开启了"存在"得以成为问题的空间。雅斯贝尔斯称此存在的空间为"'成'全"。存在的"成全"维系着具体的"成'全'"方式，比如实存、意识与精神，而生存的意义正是在于让存在的成全发生（超越性），并且其自身成为整体性的存在的成全（内在性）。此即雅斯贝尔斯所揭示的人的生存的本质。

自身存在的内在与超验是雅斯贝尔斯讨论"生存"问题的关键。对此,他以"例外"与"权威"这两种具体的生存形态来表述。生存的权威并非某个具体领域的统治者,而是现实"存在"或存在的"现实"。人只能在现实中,亦即在权威下成其自身。然而,如果人必然在自身中存在,那么其必定是权威的例外。人作为例外以自身存在的方式归属于唯"一"的权威。这种看似矛盾的从属关系所敞开的却是通往自身存在的"真理"的道路。一般而言,真理具有权威的形象,与自身存在互不相容,因为真理应当具有普遍性。但在雅斯贝尔斯的生存哲学中,真理并非实用主义的利害选择(实存的真理),亦非认识与对象的符合(意识的真理)或理念的总体构成(精神的真理)。在超越性的意义上,生存的真理是唯"一"的现实"存在"。如果理性是"统一的意志",那么这条通往真理的道路便是理性的道路。在内在性的意义上,生存的真理是自身存在的"现实"。如果人并不封闭于内在,而是在向超验的跳跃与过渡中以其自身存在让存在的"现实"得以实现,那么其虽为例外,但获得的不是权威的压迫,反而是生存的自由。雅斯贝尔斯所刻画的正是理性生命从存在的现实真理(本源性的真实存在)而来成其自身存在的自由的道路。

雅斯贝尔斯的生存哲学以存在的自由与真理为主题。这一主题体现了"生存"的根本意义,也决定了他自己的哲思道路。1932年,雅斯贝尔斯凭借著名的三卷本《哲学》[1]从精神病理学(关于

---

[1] 这三卷的主题分别是世界、生存与形而上学,同样依循生存作为自身存在的内在(世界)与超验(形而上学)的结构。

具体的生存情态)进入哲学阶段(关于生存自身)。此后数年,他主要筹划《论真理》这部巨著的写作,直到二战后的1947年问世。我们今天所能看到的《生存哲学》正是对《论真理》中部分重要内容的概述。这是雅斯贝尔斯在二战结束前最后出版的著作。在困难的岁月里,他以隐晦的语言写下对生存的哲思。这不仅是概念与理论的表达,同时也是他自身生存的现实。

  19世纪以来,传统的形而上学似乎给人以走向终结的印象。科学的兴起与宗教的没落也使得"现代世界"似乎不再需要各种关于自然、理性与精神的讨论。人们转而关注"现实",并把各种所谓现代性的问题归咎于"主体"或"自我"的危机。但危机更多是问题的结果,而非原因。如果现代性的问题与具体的生存现实相关,那么问题的根本在于现代世界对自身存在作为整体的剥夺,而解决的路径在于让"现实"成为真理的领域。为此,雅斯贝尔斯的《生存哲学》从关于科学("内在"的具体形态)的讨论开始,以关于宗教("超验"的具体形态)的讨论结束。他所要做的并非拒绝哲学的传统,而是从传统"过渡"而来,重拾本源的哲思以及人作为理性生命的尊严。当然,生存为什么必然区分为内在与超验两个维度?存在的"现实"何以在真理的意义上实现?雅斯贝尔斯并未直接阐述。这在他的学生、意大利哲学家路易吉·帕莱松(Luigi Pareyson,1918—1991)[1]以生存为论题的诠释学中得到解答。雅斯贝尔斯把他从谢林与克尔凯郭尔继承而来的哲学传统带向一

---

[1] 帕莱松是20世纪意大利哲学的代表人物,都灵学派的开创者。他的生存诠释学与德国伽达默尔的哲学诠释学、法国利科的文本诠释学共同确立了诠释学的现代形态,被称作"诠释学的第三条道路"。

种可能的诠释学思想。如果我们在现代世界仍对"现实"有所追问,并且对古老的哲思有所回忆,那么雅斯贝尔斯的生存哲学始终为我们保留了前行与返回的道路。

人名索引

A

安瑟尔谟(Anselm) 10

B

柏拉图(Plato) 10
博伊特勒,恩斯特(Beutler, Ernst)90

D

但丁(Dante Alighieri) 86

G

伽达默尔(Gadamer, H.-G.) 103
歌德(Goethe, J. W. v.) 86

H

海德格尔(Heidegger, M.) 89,93-95,97-100
海涅曼,弗里茨(Heinemann, Fritz) 89
荷马(Homer) 86
黑格尔(Hegel, G. W. F.) 10,38,94

K

康德(Kant, I.) 10,16,18,52,98

克尔凯郭尔(Kierkegaard, S.)　2,89,100,103

库萨的尼古拉(Cusanus)　10

L

莱布尼茨(Leibniz, G. W.)　52

莱辛(Lessing, G. E.)　54

李比希(Liebig, J. v.)　4

利科(Ricoeur, P.)　103

P

帕莱松,路易吉(Pareyson, Luigi)　103

普罗提诺(Plotin)　10

S

萨特(Sartre, J.-P.)　90,99

莎士比亚(Shakespeare)　86

斯宾诺莎(Spinoza, B. de)　91

苏格拉底(Sokrates)　11,41

索福克勒斯(Sophokles)　86

W

韦伯,马克斯(Weber, Max)　6,7

X

谢林(Schelling, F. W. J. v.)　10,25,52,62,94,98,100,103

事项索引

A

爱、热爱(lieben，Liebe) 4,25,26,34,39,57,72,73,87

安定(Ruhe) 12,24,33,35,41,42,48,50,53,55,64,71

暗语(Chiffre) 74,76-79,98

B

本体论(Ontologie) 18,97

本源(Ursprung) 1,2,8-12,17,18,20,22,24-26,29,30,32,33,37,39,40,
42-48,51,52,54,62,66,67,73,76-80,82-85,93,94,97,98,101-103

本源意志(Wille zum Ursprung) 2

本质(Wesen) 2,18,20,22-25,29,30,33,35,38,43,45,53-55,60,65,67,
73,75,82,85,87,92,95,98,100,102

表现主义(Expressionismus) 98

不安(Unruhe) 23,24,52,63,64

不可预思(unvordenklich) 62

不足(Ungenügen) 35,62,65,71,73,91

C

超验(Transzendenz) 16,17,21-23,33,40,42,44,46,47,66,68-74,77-
79,82,86,93-97,100-103

超越(transzendieren) 11,18,24,45,49,50,54,60,62-64,68-70,72,75,
76,78-80,93,94,96,97,100-102

成全(das Umgreifende) 12-25,30,33-41,45-48,50-55,57,87,92,95,

96,98,101

诚实（Redlichkeit） 51,54

冲突（Konflikt） 36,38,46,52

创世（Schöpfung） 25

纯粹性（Reinheit） 8,32

存在（Sein） 2,4,6-8,12-19,21,23-25,27,30-34,36-44,46,47,49-55,57-76,85-87,89,92-103

存在本身（das Sein selbst） 7,13-17,21,22,28,37,51,68,72,93,95,100,101

存在的东西、存在者（das, was ist；das Seiende） 2,8,25,36,51,54,57,58,64,69,70,73,74,86,95-98

存在意识（Seinsbewußtsein） 14-16,18,25,73,97

存在意志（Seinswille） 22

存在知识（Seinserkenntnis） 7,22,23

存在主义（Existentialismus） 90,99

D

当前（Gegenwart） 7,10-12,14,15,17,18,20,21,35,37,38,41-43,46-48,50,53,57,58,63,65-67,69,71-75,77-82,86,87,95-97,101

当前呈现、当前性（gegenwärtig, Gegenwärtigkeit） 10,11,14,17,18,20,21,37,38,41,42,46,57,63,66,69,71-73,75,77-80,82,86,87,95-97,101

道路（Weg） 3,6-9,11,12,23-25,38,40,44,48,49,54,55,58,60,61,68,69,72,74,77,88,91,99,102-104

《德国的战争罪责问题》（Die Schuldfrage） 91

对象（Gegenstand） 3,4,7,8,13-19,29,32,47,61,96,97,102

对象性（gegenständlich, Gegenständlichkeit） 12,14-16,18-20,24,40,76,96

E

二律背反（Antinomie） 16

F

法兰克福自由德意志学会(Freies Deutsches Hochstift)　90

氛围(Atmosphäre)　34,54

G

个人(einzelner Mensch)　2,40,41,43-46,59,74,80,82,83,86,87,91,97

根据(Grund)　2,4,7,10,11,14,15,17,18,20,23,25,28,29,41-43,45-48,50,66,76,79,82,84,92,94,95,97

公正(Gerechtigkeit)　9,51,54,65

广阔(Weite)　12,14,15,24,25,37,43,55,57,87

过渡(Übergang)　64,65,83,97,99,101-103

H

《海德格尔札记》(*Notizen zu Martin Heidegger*)　99

J

价值(Wert)　2-8,83

交往(Kommunikation)　34,67,79,87

交往意志(Kommunikationswille)　51

教引(Erziehung)　43

解释(deuten)　54,60,94,96,97,101

精神(Geist)　6,10,13,16,17,19,21,22,24,30-35,37,39,45,59,67,80,82,84,91,92,94,96,97,101-103

精神病理学(Psychopathologie)　6,55,96,102

决定(Entschluss)　7,21-23,49,59,65,73,91,92,97,102

决断(Entscheidung)　17,18,21,22,43,44,72,73,85

K

可能、可能性(möglich, Möglichkeit)　3-11,15,20-26,28,29,33-37,39-41,43-45,47,51-55,60-71,74-76,78,79,82,83,86,87,91-101,104

可认知性(Erkennbarkeit) 19,20,22,32,47,69,86

科学(Wissenschaft) 3-12,19,20,29,30,42,47,50,61,67,86,87,92,96,103

空间(Raum) 6,12,15,18,20,23-25,30,43,46,47,54,55,57,58,61,64,66,95,96,98,101

L

理解(verstehen) 1,5,8-11,20,32,34,39,45,49,58,59,62,65,66,68,70,73,75,76,80,82-86,93,94,96,97

理念(Idee) 4,16,17,23,32-34,37,41,42,50,68,101,102

理性(Vernunft) 47-55,65,67,80,87,91,92,98,100,102,103

理性思想(vernünftiges Denken) 49

理智、知性(Verstand) 29,30,32,33,37,38,46-49,52-55,68-70,76,78,86,87,98

理智主义(Rationalismus) 86

历史(Geschichte) 3-5,10,11,20,23,24,29,38-42,45-49,64-68,70-72,74,76-83,85-87,89,93-95,101

历史的、历史学的(historisch) 11,66

历史性、历史性的(geschichtlich, Geschichtlichkeit) 10,11,23,24,38-42,45-49,64-67,70-72,74,78-80,82,83,101

历史性曾在(das geschichtlich Gewesene) 42

例外(Ausnahme) 38-41,43,46-50,85,86,102

临界、边界、限度(Grenze) 7-9,17,19,23,29,30,32,38,40,43,44,47,50,51,60,71,79,87,93,96,101

临界观念(Grenzvorstellung) 43

临界形态(Grenzgestalt) 38

临界意识(Grenzbewusstsein) 32

另一思想(ein anderes Denken) 10

另一哲思(ein anderes Philosophieren) 61

《论真理》(*Von der Wahrheit*) 89,96,103

M

明见(Evidenz) 29-33,81

陌生者(das Fremde) 50,51,87

N

内在(Immanenz) 15,17-19,21-23,31,33,42,44,47,52,54,63,68,70,72,73,80,84,93-97,100-103

内在领会(innewerden) 15,20,25,62,66-68,96

内在行为(inneres Handeln) 1,11,83,94,97

P

批判(Kritik) 5,6,8,9,59,61,69,87

普遍、普遍者(das Allgemeine) 34,39,40,41

Q

启示(Offenbarung) 75,77,79-81,98

强力意志(Machtwille) 53

诠释学(Hermeneutik) 94,96,103,104

全体性(Totalität) 33,95

权威(Autorität) 38,39,41-50,75,80,81,85,102

R

人类学(Anthropologie) 19,24

认识(wissen) 2,6-8,13,15,16,20,21,23,32,33,37,38,49,53,55,58-61,64-66,69-74,84,86,87,96,102

认知(erkennen, Erkennen) 5-10,14-16,18-22,24,25,36,38,40,42,47,49,51,52,58,61,65-68,70,91,94-96,101

如此存在(Sosein) 40,71,75,76

S

深度、深处(Tiefe) 15,20,24,25,39,43,46,66,71

神话(Mythus) 6,75-77

神性(Gottheit) 17,73

生存(Existenz) 1,16,17,21-24,30-35,37,41,42,46,47,52,54,55,60,65,67-72,79,80,84,89,90,93-103

生存阐明(Existenzerhellung) 89,90,99

生存论哲学(Existentialphilosophie) 89,99

生存哲学(Existenzphilosophie) 1,12,89,90,93,95,97-100,102-104

生活、生命(Leben) 2-5,7-9,12,13,20,24,29-31,34,35,37,42-45,47-49,53,58,65,67,68,73,82,85,86,91,97,100,102,103

实存、实际存在(Dasein) 2,4,8,15-17,19-22,24,26,28,30-39,40-42,44,45,50,54,57-64,66,67,70-74,84,85,89,92-94,96,98,101,102

实际、实际性(faktisch, Faktizität) 3,6,28,39,43,48,59,64,70,79,86,101

实现(verwirklichen, erfolgen) 2,8,10,11,22,24-26,28,33,35,38-40,42,49,50,52,54,58,61,65-68,70,71,73,74,80,82-84,87,92,94-96,98,102,103

实用主义(Pragmatismus) 31,33,102

实在化(Realisierung) 77

实在论(Realismus) 2,3,59

实证性(Positivität) 82

实质(Substanz) 21,25,66,82,85,86,98,99

适当、适当性(Adäquatheit) 31,33,70,83

《时代的精神处境》(Die Geistige Situation der Zeit) 90

时间(Zeit) 21,32,37,42,46,58,60,64,66,70,71,80,93,95,98

时间实存(Zeitdasein) 21,24,33,38,39,41,42,50,54,64,98

世界(Welt) 5,9,13,15-17,19,21,22,24,25,28,29,31,33,40,44,45,49,

58-62,65-68,70,72-80,82,84-87,90,92,93,96,99,101-104

世界存在(Weltsein)　16,66,69-71

世界观(Weltanschauung)　4

事实知识(Sacherkenntnis)　7,8

思想、思考(denken,Denken)　1-4,6,8-18,22,24,28,29,32,34,35,37,39,42,43,46,48-50,53,55,58,61-64,69,70,72,74-76,82-87,89,90,92,94-100,104

T

他者(das Andere)　14,17,23,33,37,38,44,45,49,51,60,63,64,68,97

跳跃(Sprung)　17,21,22,54,62,73,97,101,102

童话(Märchen)　76

统一、统一性(Einheit)　8,10,12,16,37,38,41,42,45-47,49,50,52-54,66-72,80,81,102

统一的意志(Wille zur Einheit)　49

统一意志(Einheitswille)　52,54

同一性(Identität)　22,30,42,69,95

W

完满(vollendet)　24,35,65,67,72,81

唯心论(Idealismus)　77

唯一古老哲学(die eine uralte Philosophie)　1,10,90,93,99

唯一真理(die eine Wahrheit)　35,37,38,46,49,51,68

无尽(Endlosigkeit)　14,19,20,24,25,35,51,52,54,59,60,62,64,65,72,76-78,93,98

X

现实、现实性(wirklich,Wirklichkeit)　1-6,9,11,12,16,17,19-22,24,25,28,29,33,35,37-39,41,44-46,48,49,52,54,55,57-79,81-87,92-

98,100-104

现象(Erscheinung, Phänomen) 1,5,6,8,14,16,19,21,29,43,45,47,48,54,58,59,62,64,66,67,72,75,82

《谢林全集》(*Schellings Sämtliche Werke*) 98

信念(Überzeugung) 33

信仰(Glaube) 5,20,28,30,33,35,43,55,75,77,79-84,87,91

形而上学(Metaphysik) 3,51,94,97,99,102,103

虚无(Nichts) 25,26,43,50,53,54,62,65,72,74,76

Y

一、统"一"、唯"一"(das Eine) 1,10,16,23,30,35,37,38,40,42,43,46,47,49-54,66-68,74,79-83,85,90,93,99,101,102

一般意识(das Bewußtsein überhaupt) 15-17,21,29-37,39,49,94

艺术(Kunst) 20,81,95,97,98

艺术学(Kunstwissenschaft) 20

意志(Wille) 49,70,90-92,102

隐匿(entziehen) 47,73

永恒(ewig, Ewigkeit) 21,35,42,58,64,66,98

永恒现实(ewige Wirklichkeit) 64,101

永恒哲学(philosophia perennis) 82,99

有限、有限性(Endlichkeit) 17,24,37,43,52,64,68,70,71,74,78,93,98

语言(Sprache) 1,15,18,43,50-52,54,71,73-77,95,98,103

源始现象(Urphänomen) 76

Z

张力(Spannung) 42-44,46,47

哲思(Philosophieren) 1,3,7-12,15,16,18,21,22,24-26,29,45,47,48,55,57,58,61,69,73-75,78,81-85,87,89,93-95,97,99,101-104

《哲学》(*Philosophie*) 90,99,102

哲学逻辑学(Philosophische Logik) 16,96

《哲学逻辑学遗稿》(*Nachlass zur Philosophischen Logik*) 96

《哲学新路》(*Neue Wege der Philosophie*) 89

哲学信仰(philosophischer Glaube) 72-74,82,83

真理(Wahrheit) 3,5,9,10,12,16,20,21,23,27-53,55,57,67-69,74,79,83-85,87,92,94,100,102,103

真实(wahr) 2,8-10,20,23,28,29,31,32,36,37,40-42,44,45,47,52,66,68,80,81,83,85

真实存在(Wahrsein) 27-30,33,34,38,40,47,55,94-96,102

整体,完整完全(ganz, das Ganze) 3,4,7,12,13,15,16,18,21,32-35,37-42,44,45,53,55,58-61,63,65-68,74,76,80,81,87,93,95,96,100,101,103

知识(Erkenntnis, Wissen) 1,3-10,12-15,19-21,31,36-38,42,43,49,50,55,58,59,61,63-68,72,73,87,92,96

注视者(Betrachter) 65,96

转述(mitteilen) 20,39,40,55,82,98

宗教(Religion) 20,74,75,77-86,91,95,98,103

宗教学(Religionswissenschaft) 20

自然(Natur) 3-6,32,58,66,67,91,97,103

自身存在(Selbstsein) 2,17,19,34,37,38,43-45,55,60,67,77,93-98,100-103

自身经验存在的意志(Wille zur Selbsterfahrung des Seins) 2

自身理解(Selbstverständnis) 2,11,94

自由(Freiheit) 3,20-22,38,43-46,54,55,57,64,70,73,78,80,90,100,102

译后记

雅斯贝尔斯的哲学以"生存哲学"著称。此书正是他对其哲学的命名。1937年,因为时局的恶化,雅斯贝尔斯被解除教职。他把这三篇演讲看作最后讲述自己哲学的机会。一年后,当这些讲稿有幸问世,面对出版的禁令,他或许曾经认为这是他最后的著作。1956年,《生存哲学》再版,雅斯贝尔斯在后记中回忆了这段二战以前的往事。此后半个世纪,这本特殊的著作几度再版,虽然内容没有变化,但在不断的诠释过程中,已经成为20世纪真正意义上的哲学"文本"。2012年,德国启动"卡尔·雅斯贝尔斯全集"(*Karl Jaspers Gesamtausgabe*)出版计划,《生存哲学》收入2018年出版的《生存哲学文集》(*Schriften zur Existenzphilosophie*,第一部分第八卷)之中。此次翻译主要依据全集版和1974年的第四版。

雅斯贝尔斯写作《生存哲学》的时候,正如他在"再版后记"中所言,艰难的历史处境让他对存在问题的思考获得特殊的现实意义。当人们面对极端的现实而不安于感性的迷惑,生存也不会因非理性的沉沦而失去自身的根本。在此书的翻译过程中,全球正遭受新冠疫情的危机。生存仍是值得深思的问题。雅斯贝尔斯的生存哲学所揭示的存在的自由与真理同样是对当今世界的回应,因为他所追问的是人不可磨灭的本质,或者说,生存从来都是哲思的任务，并非单纯的问题，而是存在的现实与实现。

　　哲学是理论学说，但在根本上是生存的实施。从生存及其现实而来的哲学成为真正的哲思。雅斯贝尔斯从他自身的生存而来有所哲思的言说，但所说出的并非只是其自身生存的现实。因此，在翻译的过程中，与转译他的文字相比，更为重要的是揭示"让"他形成哲思的东西。此即人的生存本质。它让人，即使不同时代的人，在现实中共鸣，从而也使得翻译成为可能。对于译者，文本是其作为译者存在的"现实"。文本由文字构成，文字构成语词，语词构成语句。在这样的构成关系中，"语言"指示思想的道路与地方：思想的道路如何在语言中延伸，思想的地方也如何在语言中开启。从语言中，译者获得通往"本质"的坚实的基础。文本与译者，就像雅斯贝尔斯所谈及的"权威"与"例外"的关系：文本是译者的权威，而非相反；译者只能作为例外归属于文本的现实，以呈现文本的意义，但这也只能是有限的呈现。译者必须在不断获得时间的间距后明确自身的限度并且"适可而止"，把诠释的资格交给读者，让文本的现实在读者的阅读中，亦即在其理解与解释中重新实现。就此而言，文本是无尽的，没有真正的结束。如果译者的翻译与读者的阅读同样是译者与读者对其生存的实施，那么我们与雅斯贝尔斯，虽然各有不同的自身存在的现实，但也会具有共同的思想的地方。雅斯贝尔斯作为作者，其与译者、读者在根本上皆是对此地方的诠释者。他的哲思把我们带向这条以各自的方式对生存的本质有所诠释的思想的道路。

　　此次翻译首先感谢北京外国语大学李雪涛教授"雅斯贝尔斯著作集"计划的开创性工作。雅斯贝尔斯是容易被忽视的哲学家，但他的哲思可以让我们回到"过渡"的年代,不仅让我们重新理解德国哲学从古典向现代的生存论过渡,尤其从谢林到帕莱松的生存诠释学的历史,而且也与海德格尔共同让我们获得一种继续从事哲思的可能。其次,诚挚向已故的哲学前辈王玖兴先生致敬。从他的《生存哲学》译本中,译者获益良多。希望我们后辈能够在哲学的道路上走得更远。最后,特别感谢华东师范大学出版社朱华华女士的支持。从事哲学的翻译是艰苦的过程,她的认真与包容为译者提供了"合适"的诠释空间。此书的篇幅并不长,但行文精炼,需反复推敲,以揭示其内在的关联。一年多来,几经打磨,却实难也无法尽美。译者只能以自己的诠释把文本呈现给读者,而且不同的译者会有不同的呈现。文本在译者的诠释中只是暂时完成。当然,只要这种诠释是规定于文本的理解,是从文本的现实而来的解释,便不致沦为任意的表述。因此,在此书的注释与解读部分,译者列出自己对于基础语词的理解以及对于整体思路的解释,以期为读者敞开诠释的空间。唯愿我们的劳作带来"生存"的哲思。

庞　昕
2021 年 5 月于德国弗莱堡

《雅斯贝尔斯著作集》(37卷)目录

1. 《普通精神病理学》
2. 《精神病理学研究》
3. 《史特林堡与梵高——对史特林堡及梵高的比较例证所做的病历志分析的尝试》
4. 《世界观的心理学》
5. 《哲学》(三册)
6. 《理性与生存》
7. 《生存哲学》
8. 《论悲剧》
9. 《论真理》
10. 《论历史的起源与目标》
11. 《哲学入门》
12. 《哲学学校》
13. 《哲学的信仰》
14. 《鉴于启示的哲学信仰》
15. 《哲学与世界》
16. 《大哲学家》
17. 《尼古拉·库萨》
18. 《谢林》

19.《尼采》

20.《尼采与基督教》

21.《马克斯·韦伯》

22.《大学的理念》

23.《什么是教育》

24.《时代的精神状况》

25.《现代的理性与反理性》

26.《德国的战争罪责问题》

27.《原子弹与人类的未来》

28.《哲学自传》

29.《海德格尔札记》

30.《哲学的世界史》

31.《圣经的去神话化批判》

32.《命运与意志——自传作品》

33.《对根源的追问——哲学对话集》

34.《神的暗号》

35.《阿伦特与雅斯贝尔斯往复书简》

36.《海德格尔与雅斯贝尔斯往复书简》

37.《雅斯贝尔斯与妻书》